아무도 울지 않은 시간이 열리는 나무

최형일 시집

도서출판 평강

무심히 지나쳐온 것의 되돌아봄

최 형 일

| 서문 |

"인간은 타자의 욕망을 욕망한다." 이것은 라캉을 대표하는 문장이다. 여기서 타자는 '바깥에 있는 어떤 것'을 말한다. '바깥'은 나를 바라보고 지켜보는 또 다른 나일 것이다. 마치 바다와 뭍이 경계를 이루듯 '바깥'은 모리스 블랑쇼의 말처럼 '비인칭'과 '중성'인 무규정성에 놓인 것들이며 이름붙일 수 없는 의미가 없는 중심이다.

글 모음집을 내고자 했을 때 많이 고민한 것이 '기억', '느낌', '바깥'이다. 언어 안에 갇힌 의식부터 무의식의 경계에 이르기까지의 응시다. 이번 시집의 글쓰기는 나도 모르게 무심히 지나쳐온 것의 되돌아봄이다. 뜻하지 않게 내 안에 '잉여'로 남아있는 '바깥'을 바라보는 것이다.

2024. 12.

목 차 Contents

- **서문** ··· 3
- **1부** ··· 7
  - 아무도 울지 않은 시간이 열리는 나무
  - 튤립 1
  - 상남동 블루스
  - 백화점 앞 청동 조각상
  - 가상현실
  - 반구대 암각화
  - 첫눈
  - 튤립 2
  - 옛집의 가을 단풍
  - 시선의 욕망
  - 골조공사
    드러나는 바깥
  - 필경사의 하루
  - 대구(大口) 순례기 ·
  - 청어
  - 가을 초입
  - 꽃과 가시를 위한 변주(變奏)
  - 득음(得音)
  - 꽃은 씨앗의 은유다
  - 파도
  - 바람의 장례(風葬)
  - 푸른 수염을 기르는 여자
  - 猫册(묘책)을 찾다
  - 夏安居 2
  - 앤젤 트럼펫
  - 인다래[因陀羅]
  - 시론
  - 폐차장
  - 퍼졌다
  - 따따따 따따따 주먹손으로
  - 단어(單語)를 찾아서
  - 귀향
  - 개량 한복을 입고 온 이주민
  - 꿩
  - 봄
  - 갈대의 학명
  - 화살 나뭇잎, 밤비가 파두에 젖다
  - 봄날의 페르소나
    내소사(來蘇寺)가는 길
  - 가을, 다비식(茶毘式)
  - 계단의 말
  - 바닷가 터미널 구두점 점묘(點描)
  - 국수
  - 이팝나무 길
  - 렌즈를 갈다
  - 가을역(驛)
  - 세 여자
  - 夏安居 1
  - 가자미식해
  - 연어
  - 참돔 한 점, 바다 한 접시

Contents

- **2부** 61
  - 호모 메모리스
  - 동충하초(冬虫夏草)
  - 서어나무 숲
  - 가문비나무 옆 거칠고 굵힌 거리를 나서며
  - 집과 길
  - 자꾸만 꺾어지는 남강을 바라본다
  - 가을산, 한 폭의 액션 페인팅
  - 낙엽
  - 고물 세탁기
  - 낙타
  - 나무의 시문(詩文)
  - 통영바다 2
  - 바다의 경전
  - 바다의 편지 2
  - 바다의 편지 4
  - 바다의 편지 6
  - 해바라기
  - 몽돌
  - 눈 내린 영화관 뒷골목 우화(偶話)
  - 파도
  - 죽방렴, 쥬라기 월드
  - 푸른 기억은 어디에 잠드나
  - 동굴의 우화(寓話)
  - 관음(觀音)
  - 평면거울
  - 비파 무늬 청동거울 속 여행
  - 우화(羽化)
  - 쓰레기통
  - 화어(花魚), 통영 파렛트(pallet)
  - 하늘소
  - 나무의 경전
  - 통영바다 1
  - 바람의 등고선
  - 바다의 편지 1
  - 바다의 편지 3
  - 바다의 편지 5
  - 주남지(池)에서
  - 멍
  - 안과 겉
  - 원격 Zoom 수업
  - 바닷가
  - 시든 장미 줄기에 잎들의 소리가 자랐다
  - 두리번대는 가을 길

- **해설/** 시인 **박찬일** 111

제1부

아무도 울지 않은 시간이 열리는 나무

그녀는 어느 날엔가 읽었던 점자책 한 장면을 떠올린다.
눈꺼풀 뒤편에 흰 눈이 펄펄 날리는 그런 시간이 흐른다.
볕 쬐던 노인들이 하나둘 나무가 되어 올랐다는 언덕에는
지난밤 들개 울음에 후추나무 비닐 영혼으로 붉게 익어가고
아이들은 연하게 조금 붉은 데가 있는 기억을 집어 먹는다.
두껍게 어두워져 가는 해안선처럼 나는 그대를 그리워하고
플라스틱 용기에 건져 온 우럭이 끓고 있는 해변 식당에서
선창에 번지는 잠들지 못한 방들이 눈처럼 떠났던 날들이
바닷가 파도처럼 숟가락 서랍을 끄집어냈다 밀었다 한다.

튤립 1
– 말들의 풍경

한 번도 기억나지 않는 방에서 잠든 적이 있다
언 땅을 헤집고 피는 말 뿌리의 둥근 은유가
머리에 붉은 터번과 말 탄 사내들이 서성거린다
페르시아 여인들이 게슴츠레 눈을 반쯤 감은 채
창틀 사이로 붉은 대게를 그린 봄비가 번져 간다
탄창에 재어 둔 불꽃 파편이 백년초 가시에 돋는다
레테의 강 건너 기억을 둥글게 겨눈 가늠자 사이로
검은 나무들이 자란 도심 주말농장 습지 주변으로
죽은 개의 울음과 채찍 맞는 말이 길게 울며 눕는다
방의 벽지에 눅눅히 파충류의 푸른 비늘들이 돋는다
분홍빛 여자아이가 공터에 쭈그려 오줌을 눈다
한 뼘 한 뼘 빗살무늬로 번지는 꿈결이 스며든다
혀를 내민 꽃잎의 바깥이 웅성대는 소리로 와자하다

시론

시인은 가난한 시골 국밥집 테이블에 손님맞이 상차림 중,
막힌 원고지 빈칸에 이미지를 던지듯 듬성듬성 시론을 편다.

허공에 질긴 목숨줄을 감았다 풀었다가 구시렁댄다. 어디까지 굴러먹다가 저당 잡힌 꼴통인가. 굴렁쇠 마냥 대여섯 통 듬성듬성 둘러앉았다. 뒤섞인 작업복처럼 새우젓과 고추장, 작고 둥근 플라스틱 접시에 담긴 하얀 마늘 조각, 양파 쪼가리, 어슷하게 잘린 푸른 고추 덩어리 몇 점, 주섬주섬 부추 두엇 줌

돈벌이가 궁한 아내가 차린 허름한 식당에서 시문을 짓는다.
겨울바람에 젖은 행주를 쥐고 때 젖은 은유를 축축이 닦는다.
뿌옇게 우러나는 가마솥에 뜨끈한 형용사의 직유를 뒤섞는다.
붉은 선지, 베인 살점 뭉텅뭉텅 썰어 넣어 삶의 행갈이를 친다.

한끼 국밥이 토렴하듯 개운하다. 목청에 걸린 것이 내려앉는다. 두툼한 비곗살이 가난한 저녁을 채운다.
물컹물컹 씹히는 소리가 음계에 오르고, 부었다 따랐다 부푼 눈동자가 둥둥 떠 다닌다. 찬밥이 겉돈다. 이내 혀 끝에서 밥알이 자극성 강한 하루처럼 익는다. 국물에 꾹 눌러 감춘다.

상남동 블루스

화려한 봄날이 저무는 창원 상남동 시장터
묵은 토박이가 따분히 콘크리트에 둘러있다.
키 큰 빌딩 그늘에 나앉은 콩나물국밥집과
시루에 쪄서 말린 나물과 소쿠리에 담은 과일들
세상 대접받지 못한 품삯이 논투성이로 따져 났다.

시방은 월급쟁이보다 오토바이 아르바이트가 건방지게 많고 낡은 회사 사원복을 입은 팔팔한 늙은이가 무덤처럼 모인 아파트 구석구석에 갈피없이 범벅이다. 학교 마친 아이들은 주먹 불빛을 움켜 먹는 분식집에 든다. 봄이며 여름이며 산책하러 가던 도심 숲속에는 매미 소리가 조용히 그치고 간간이 열린 가을이 대추나무에 제법 많이 굵었다.

살아갈 일이 따분했거나 그럭저럭 여기까지 파도에 떠밀린 갯내 삶은 횟집들과 배를 따서 눈을 모조리 빼서 얼린 명태들이 목줄띠를 꿴 채 내걸린 건어물 가게며 보란 듯 세상인심을 한두 쾌 눌러 쓴 모발 샵, 퇴근하는 파충류처럼 미끄러진 지느러미를 다듬은 손톱맵시방, 콩비지를 삶은 내음이 물큰한 두붓집 건너에는 소주만큼 만만해진 맥주에 길들인 노래주점, 학원 간판이 학교보다 더 좋은 사정으로 민망하게 흥정하고 벽지에 덕지덕지 붙은 전봇대

조건만남이 치솟은 치맛단들을 이끌고 발길을 두르고 갈 곳이 막연히 저녁 풍경이 줄었다.

폐차장

거리에 익숙한 것들로 가득 찬 방에서 걸어 나온다
더는 질주하지 않아도 돼, 이는 얼마나 큰 위안인가
관성에 길들어진 멈추지 못한 나는 이제 여기에 없다
속도가 기억하지 못한 뒤 더미에서 걸쭉하게 흐른다
버스 종점을 지난 바퀴와 철망에 넝쿨식물이 자랐다
아직도 살아서 물결이 불어나는 거리는 불빛이 멀다
집게 손 닮은 중장비에 끌려온 누더기가 다된 삶들이
물결처럼 밀려왔다 휩쓸린 어둠만이 기억을 다독인다
한 번도 눈여겨 본적 없는 메꽃이 디딤발로 바깥을 본다
삶의 굴레가 남아 있는 바퀴의 바깥을 읽어가는 중이다
달라붙어 딸려 드는 볕에 비누칠을 해가며 던져도 보고
멀리 함께했던 실핏이 또 다른 깃으로 도망쳐 달려기며
누운 길들이 굴러온 도심 거리를 침묵 속에 감는 중이다
햇빛이 비치는 휠에 늘어지는 거리를 모질게 털고 있다
바퀴의 흔적에 내가 남아 있으나 기억을 나선 나는 없다

백화점 앞 청동 조각상

화려한 봄꽃을 뿌려대는 분수대 앞 청동 조각상
가끔 물방울이 튀어 검은 청동빛으로 달라붙는다
"나는 아름다운 상처를 가지고 태어났어요."라는
카프카의 시골 의사에 나오는 소년의 고백처럼
아홉 개 구멍이 뚫린 상처를 어루만지는 백화점 앞
한때나마 청동이 빚은 것이 모인 박물관을 생각한다
조명 불빛에서 녹이 슨 빗살무늬를 읽어가는 시간이
물렁물렁한 햇살에 쫓겨가는 그림자를 물끄러미 본다
어느 날 이곳 백화점에서 모바일 지불카드를 읽으며
물기에 일렁인 화려한 봄꽃이 청동 조각상을 만진다

퍼졌다

나는 아주 오래 퍼졌다. 하지만 무엇을, 무엇으로, 어떻게, 무슨 수로, 앞으로, 언제까지, 어디서, 어디까지, 얼마나, 몇 번 물들었다. 이렇고 저런 구질구질한 이야기들, 몇 덩어리 시간, 스치는 감촉들이 번진다. 컴퓨터 자판기가 깜박거리고 마우스 꼬리가 홀로 뒤척이다 스민다. 팔딱댄다. 소리가 난다. 귀를 바짝 갖다 대고 듣는다. 그물 올가미로 몰았다. 슬쩍 들어 올린 창으로 흐른다. 입김으로 소리가 퍼진다.

가상현실

그의 손가락에 내 손가락을 포갠다
오래된 사진을 마주 보며 중얼거린다
깔때기처럼 말린 주문 속으로 빨려든다
거울에 입김을 끼얹더니 손톱이 자랐다
길게 자란 긴 손톱이 손가락을 내민다
언젠가 본 영화 속 E·T처럼 말을 건다
박제된 말을 깨운 더듬이가 서성대며
바닥을 딛고 일어서 풍경으로 섞인다
여기에 나는 있고 거기에 나는 없다
그리워한 만큼 나는 옮겨지며 스민다
마주 보며 반대편으로 나로 돌아간다
비닐봉지 속 사그라진 입김으로 있다
식어가는 물방울이 솜사탕처럼 둥글다
달콤한 한 모금이 눈감은 우주 맛이다
한참을 부풀린 혀끝에 포개지고 겹친다
그리워하는 만큼만 나는 네게 말을 건다

따따따 따따따 주먹손으로

따따따 따따따 주먹손으로
따따따 따따따 나팔 붑니다
우리들은 산업의 일꾼
우리 안에 제일 가지요

늙은 당나귀가 가죽 가방점을 나서고
사냥 끝낸 개는 속담집을 훔쳐 도망치고
난롯가 퍼져 졸기만 한 자루집 고양이가
수프집 수탉을 곁눈질로 꿰어내어 나선다

따따따 따따따 주먹손으로
따따따 따따따 나팔 붑니다
우리들은 아직 젊은 산업의 일꾼
우리 안에 제일가는 올게심니죠

인력 시장으로 가는 길은 아직 멀다
어차피 다된 목이 비틀릴 운명이면
마지막 연장전은 실컷 놀다가 가세

따따따 따따따 주막집으로
따따따 따따따 나팔 붑니다

반구대 암각화

반구대 암각화에는 고래가 살지요
새끼를 등에 올려놓은 귀신고래
앞뒤의 색이 다른 범고래
수많은 세로줄 무늬 혹동고래
입과 머리가 뭉툭한 향유고래
청동의 시간을 새긴 고래가 살지요

무덤처럼 새겨진 암벽의 밑구멍 아래에서
이끼가 태어나고 돌고래가 들어가 묻히는
바다는 밑도 끝도 없는 암벽을 지키고 있죠
들이쉬는 파도에도 꿈쩍없이 청동 시대를 사는
돌 속 여인의 묻은 미소 띤 햇살을 말없이 펴지요

들어오지 마세요
나에게는 문이 없어요
나의 바깥은 그대를 향해 있으나
나의 마음은 그대와 마주할 뿐이죠

반구대 암각화에는 동화 속 여인이 산다
해와 달이 흘러 흘러 다시 아침을 깨우고
고래는 하루하루 청동빛 지느러미를 털며
나뭇잎과 물방울이 차례로 기억을 흔들죠

들어오지 마세요
나에게는 문이 없어요
삶과 죽음 안에 흔들이는 물결로 살 뿐이죠

단어(單語)를 찾아서

햇살은 흰 반죽을 층층이 밀 댄다
빵처럼 벙글거린다. 창문 앞에서
한 조각 햇살을 뜯어 먹으며
과일나무의 나뭇잎을 본다
부스러기 몇 줌 그림자로 뒹군다
목마름을 축이며 그늘진 푸른 잔디며
어제의 빗줄기를 머금은 장미꽃이며
들락, 날락
단어 하나 왔다, 갔다,
햇살이 뚫고 왔다
아직은 말이 될 수 없지만,
이끼며 돌멩이며
흰 틈바구니로 기억을 비춘다
나는 사과 한입 베어 문다
입 안 가득 기억을 되뇐다
흥건한 침묵이 씹힌다

첫눈
– 꽈리 열매가 있는 자화상

너 되지 못한 나를 던진다
붉은 꽈리 열매가 터진다
정원에 내린 눈을 바라본다
충혈 된 눈주름이 혀를 찬다
노란 귤껍질이 시든다
나는 내내 어둠 속에 있었다
하얀 눈송이가 펄 펄 날린다
말줄임표를 주서 먹으며
다시 흙과 점토를 빚으니
혀끝을 날름날름 거린다
나비가 펄럭인다
우화 못한 꿈으로 문풍시를 흔든다
우리는 흙에 다시 빗살무늬를 새긴다
물레 위 흰 소매가 춤사위를 편다

귀향

쐐기풀 우거진 길에서 들었다
아비는 너는 집안의 기둥이라고
지금은 폐허된 옛집을 찾았을 때다
잎사귀가 다 떨어진 당쟁이만 남았다
늙은 기둥을 핏줄처럼 붙들고 있다
나는 기둥 없는 도시로 달리고 달렸다
마당에 아무렇게 자란 풀물이 들었다
기둥을 쓰다듬어 가며 기억이 굵었다
낮게 드리운 처마가 쓸쓸히 가렸다
지붕 그늘이 담쟁이 넝쿨을 쓰다듬었다

튤립 2
– 잃어버린 시간을 찾아서

와인 잔에 봄을 따른다
봄을 찾는 도시의 청춘들
빨강, 노랑, 하얀 빛깔들
잔이 길어 올리는 텅 빔
폐허에 핀 한 송이 죽음
그대였던 눈과 마주한다
언 땅을 우려낸 향과 맛
떠오른 물방울,
추억 몇 모금

개량 한복을 입고 온 이주민

고물인 우리들의 바깥을 입었다
선을 벗어난 평면이 굴레가 되듯이
우리는 이제 남은 안쪽을 바라본다
뿔뿔이 흩어진 평면들이 섞인다
아무거나, 아무래도 좋은 굴레들이
"계속해보겠습니다."
개량 한복을 차려입고 손을 모은다
누군가 걸치다 간 봄을 찾아온
호세, 후안 마누엘, 솔리하, 후안
마리아, 무티아, 리가야, 크리스티나
우리들의 삶에 대한 애도는 덧없다
오래된 무덤 위를 나는 바닷새처럼
봄 도다리 쑥국이 배 뒷전에 뿌옇다
흔적 없이 섞이는 표정이 비릿하다

옛집의 가을 단풍

옛집에 단풍이 오래도록 붉다
빈 독에 하늘이 가득 들었다
빈 독을 안고 나는 잠에 든다
마른 건초를 태우는 냄새가 났다
소독차가 지나던 기억을 뒤쫓는다
바스락대는 책갈피를 다시 읽는다
단풍잎에 가을 햇살이 서성거린다
들다가
숨다가
들다가

꿩

청보리밭에 수꿩이 난다
가늘게 뜬 잎맥에 해안선이 들었다
화려한 목댕기 띠 두른 목련이 진다
이삿짐 가구 경첩이 뻐근히 잠을 깬다
길은 멀수록 산색(山色)은 짙던가
통영 지나 거제는 멀다
엷게 열린 파도 소리를 듣는다
멀리 두어도 사랑이다
우수지나 경칩에 들도록
힘 부친 초록 잎이 말을 아꼈다
차창 볕 덮는 라디오 음악이 그랬다
바다를 담은 수평선이 쓸쓸히 깊어 가고
산빛은 푸르게 짙어 묵묵히 거리를 둔다
통영 지나 거제까지
청보리밭 푸른 수꿩의 울음을 몰랐다

시선의 욕망

나는 소파에 조용히 앉아 있다
모든 것을 보고 모든 것을 듣는다
어둠이 웅크린 소파를 둘러앉았다
TV 불빛이 응접실 나를 알아보고
불빛이 소파에게 말을 걸었다
나는 바닥을 훔치며 밖을 본다
소파는 말없이 밑바닥을 스민다
웅크린 어둠이 소파 뒤에서 본다
자작나무가 밖을 스치는 것을 본다
나는 나를 바라보는 나를 바라본다

봄
– 응시의 가면

봄은 메두사의 가면이다
한 톨 씨앗이 우주를 들어
나와 무수한 나를 벗는다
바라보는 것이 다는 아니다
봄은 바라보는 것만이 아니다
가면 안팎에 머문 눈물 한 방울
맺히는 것과 흘러내리는 것으로
둥글어진 것과 찌그러진 것으로
죽음과 소멸이 그리는 가면이다
죽음이 한 송이 꽃으로 핀 것처럼
보는 것이 보임으로
보임이 보는 것으로
풍경이 풍경으로 바뀌는
봄은 무수한 나를 나로 났다

골조공사

우리가 처음 만난 그날,
너의 눈 속에 내가 있던 곳,
그 중심에 있는 어둠은 문이자 문턱,
닫혀 있으나 닫힌 것이 아닌 둥근 어둠
서툰 입술이 움쭉 대는 검은 연못 같았지
물소리 샘물 소리 졸졸 소리 고인 그곳에

깊이는 바닥을 알 수 없는 우물,
파닥대는 가늘고 긴 비늘이 돌고
우리는 서로의 깊이에 닿았지
어둠이 머문 너비 속에
온기를 녹이듯이 눕히고,
눅눅함이 자란 벽은 삶을 품는다

강철 빔과 목재가 서로를 껴안으며
기둥의 뼈대는 찰흙 빗듯 밤새 자랐다
벽과 벽을 담은 틀 안으로 쓰다듬어 주며
깊이는 우리의 너비를 끌어안는다
흙과 벽돌 사이 흐르는 하얀 결들이
모서리를 길어 올리며 시를 짓는다

갈대의 학명

철도 모른 눈발이 도심 바깥으로 몸을 부린다.
바람은 버려진 책을 읽는다. 바다의 끝자락에서
바깥을 당긴다. 늦가을 풀빛 몇 줌 갈대에 눕는다.
끈에 묶인 책장이 가로등 아래서 추위를 피한다.
휩쓸린 낙엽이 물고기 떼로 아파트 사이를 헤맨다.
긴 부리 고니 새가 사라진 흰 눈의 행방을 쫓는다.
갈대 바깥이 수런거린다. 도시의 미로를 헤집는다.
삶의 경계는 있지 않음의 있으므로 미로처럼 있다.
갔다 왔다. 파도는 지렁이 울음에 뻘배처럼 앉았다.
바깥으로 쫓긴 불빛이 뭍으로 번져가며 숨을 쉰다.

드러나는 바깥

길바닥 고인 물에 하늘이 들었다
문득 말랑한 시간들이 방안에 스민다
맑은 속살에 젖어든 우물 가장자리에
거꾸로 들어차 만든 틈이 바깥을 연다
한 움큼 햇살이 짓고 헤아린 무늬들이
간간이 비늘을 엮듯 은빛으로 반짝인다
입추에 잎잎 물든 매미 소리의 서사를
읽는다. 작은 웅덩이에 떨린 흔들림이
더 낮게 흘러흘러 모인 물의 몸짓들이
길 섶 풀잎으로 새긴 울음인줄 몰랐다
널브러진 소주병에 이는 빈 바람소리에
제 이름이 울음이 된 쓸쓸한 날도 있었다
비 그친 너른들 재듯 담담한 초가을이면
길바닥 한 줌 고인 물도 우주를 품는다
막바지 여름이 푸르게 박제된 바깥들에

화살 나뭇잎, 밤비가 파두에 젖다

검은 돛배가 부두에 잠든다.
리스본 바닷가 선술집 *파두처럼
한번 떠나면 돌아오지 않던 화살처럼
기약도 없이 파도는 푸른 자락을 끌어
모래의 기억을 사막처럼 읽는다.

카메라 셔터에 터진 꽃들이 산기슭 따라 뭍에 머뭇거렸지, 누천년 묵은 나이테가 기억의 흰 뼈를 몰아 밤비를 쏟았지. 빗나간 과녁을 짚는 화살의 기억으로, 따져보니 백년도 살지 못한 생의 무늬가 언제 정(定)한 결따라 검은 돛배를 잠들게 하리오. 늦은 밤비에

* Fado : 뽀루뚜갈 역사를 담은 서정음악

필경사의 하루

떡갈나무 땅 그늘에 물고기 떼가 지느러미를 턴다. 잎새 묵묵한 햇살이 푸른 속삭임을 모은다. 귀를 쫑긋 세워 기억의 방을 읽는다. 갇힌 바다의 항해를 실은 활어차가 지난다. 바람이 켠 구름무늬를 새긴 어느 필경사처럼, 보이는 것이 참이라 여긴 날이 있었다. 붓끝 비늘구름이 숲을 흔들 때까지 바다를 건너 온 물고기 떼 이야기를 짐작도 못 했다. 꽃 진 자리 잎만 무성하도록 식솔들 입 건사에 그늘 진 삶뿐이겠는가. 여름 볕 풍겨 오른 은갈치 무리에 근심 덜어 가슴 헤집는 떡갈나무 수국이 있다.

봄날의 페르소나
– 고성오광대전수관 옆 붕장어 식당에서

해감을 위해 굵은 소금을 뿌렸다
거울에 하얀 봄꽃이 말없이 진다
한 소쿠리의 붕장어 무리가 있다
미나리를 어슷 헹궈 식초를 친다
껍질에 씻긴 햇살이 옹기종기 핀다
봄꽃이 진 가지에 연초록 봉우리로

봉긋 엉켜 대가리만 무리 안으로 숨어들어 몸을 섞은 미끌미끌한 하루가 지하철 터널을 오르듯 희미하게 가로등을 켠다.

마스크를 쓴 무리가 듬성듬성 도심을 걷는다
종일 섞여 살아가는 삶이란 물음표를 안고서
엉켜 뽀득뽀득 점액질 쏟은 하루를 사는구나
끝없이 어딘가로 파고들어 끈적끈적하게 흐르도록
흐르다 누군가 배경인 채 들썩여 살기도 하다가
도심에 밀어 넣은 잊어버린 봄날을 찾기도 하고
나도 한때 뭐 입내 으쓱댄 날 있었나 짚어보니
거울 안에서 피었다지는 하얀 꽃잎이 흩날린다

대구(大口) 순례기

베링해 찬바다처럼 칼칼하다. 새벽 끝자락 바람이 소리없이 인다. 아마 식구들 안부일 것이다. 젖은 장작이 진땀을 훔치며 새벽을 흥정하는 어느 외국인 노동자 하루처럼 가냘프고 비겁하지 않게 스멀스멀 트럭 뒤 연기로 비릿했다.

뭉크 그림이 바다에 걸렸다. 오래전 시베리아 들녘 자작나무 잎들이 치어의 꿈을 내몰 듯 인력시장 불빛이 포구의 아침을 다독인다. 나도 한때 빙하기에 묻힌 고요를 찾아 차가운 베링해를 바람으로 오른적 있다. 대구 알이 자라 지느러미로 가늠하는 식구들 안녕을 위해 큰 입으로 부화하는 거제 붉은 동백처럼

내소사(來蘇寺)가는 길

눈 내린 내소사에 든다
잣나무 길에 소리가 푸르다
바람에 날린 눈밭이 거울 같다
날개를 복제한 새들이 날아간다
무늬가 많은 길을 걷는다
나무의 기억이 널려있다
앙상하게 주름진 길을 따라
새들은 부리로 열매를 물고간다
눈길은 흩날리고
절(寺)은 고요하다
잠들지 못한 산(山)이
눈처럼 흐느낀다

청어

차게 널린 덕장에 꾸덕꾸덕 줄짓는다
퀭한 눈의 넋을 꿴 바다의 꿈이 눕는다
오랜 진화를 품은 해초가 파닥파닥 친다
재간 없이 갯내 절인 삶을 엮은 사람들이
통영 서호시장 둥근 시간으로 내 널렸다
빈 깡통 난로에 장작불이 토닥토닥 탄다
저녁을 두른 앞치마에 비린내가 어린다
푸른 미역을 싼 청어 한 점, 바다 몇 모금
아삭아삭 버무린 겨울 입맛이 쫄깃하다
혀끝 번지는 파도 끝 물결로 눈이 먼다
얼다 풀리다 사는 살이 초고추장만큼 맵다

가을, 다비식(茶毘式)

불 들어갑니다
산이 부려놓은 몸을 사른다
바람이 연 볕들의 제의(祭儀)에
벌건 가을이 소신공양 중이다
이녁 하늘이 지핀 참회의 말씀
잎사귀에든 뼈마디를 수습하나니
한 생을 불살라 다다른 능선에서
움푹 팬 계곡의 젖은 눈물 몇과
푸르다. 앙상히 붙잡은 산그늘이
회색빛 억새 들녘을 훔치며 간다

가을 초입

초록이 멀다
코스모스가 길을 흔든다
내막도 없이 산새가 운다
춥다

계단의 말

말복에 들 벼 마디에 이삭이 패고
닭백숙 웅크려 앉아 터 잡기 하네
지필묵 글귀로 시렁에 시문을 거니
시 품은 집안 방마다 행간을 짚고서
계단은 가파르게 구석구석 앞지른다
빈 곳을 채워 부챗살 시김새 치듯이
층층 스민 햇살이 눈썹 아래 떨린다
한 발짝 앞서 공간을 끌고 오른다
하늘과 땅을 여는 바람을 불러 새겨
마땅히 하늘이 정한 바를 밝게 하시고
땅이 낳고 기른 즐거움에 이르소서
다르거나 내려 이른 낮은 바닥에서
오르랑 내리랑 사람살이 읽게 하소서

꽃과 가시를 위한 변주(變奏)

몸살에 끙끙 뒤 음정 밤을 헤맸다
입술이 타들어 몸으로 살이 돋았다
약기운 취한 온몸에 가시가 들었다
지도에도 없는 나무 사이를 오갔다
한 물 건너 내널린 모습을 마주치며
다르거나 닮은 또 다른 꽃과 가시가
가시나무 잎새로 하얀 꽃을 피웠다
뿌리가 짓고 키운 한 마당 놀이패를
한낱 나무도 아는 일을 모르고 살았다
누구나 가시 하나쯤 품고 사는 것을
제 몸으로 짓고 읊는 일인 줄 몰랐다
가시에 잎 두룬 무늬가 비늘로 돋으면
술기운 같이 횡격막 사이가 출출했다
식은 밥 같은 쉰 내음이 몇 숨차도록
꽃무늬 모시 홑청이 푸르게 젖었다

바닷가 터미널 구두점 점묘(點描)

비 그친 오후 젖은 길을 잠시 벗는다
낯익은 옥타비오빠스가 구두를 만진다
무둣대를 붓 삼아 가죽을 긁어 오린다
밑창에 깔린 기호들이 바닥에 눕는다
이고 진 딸꾹질에 내몰린 발자국을 뗀다
서너 평 컨테이너에 모여든 길을 닦는다
도심 끝 느낌과 물음이 엉킨 밑줄을 따라
길옆 가로수에 파도 소리가 희뿌옇게 선다
가시나무 잎사귀에 꽃들의 법문이 열리듯이
생이 벗은 가죽 내음이 가시처럼 쓸쓸했다
떠난 길이 모이고 다시 길을 잡는 곳에서
걷다 벗어놓은 해진 구문(構文)을 짓는다
바다를 건진 그물에 물빛이 파닥거린다
검은 테 안경을 고쳐 쓴 수선쟁이 아재가
늦저녁을 보도블록 따라 터벅터벅 읽는다
먼 불빛에 쓰다 만 하루가 버스에 오른다

득음(得音)

사납게 친 여름비에
모시 구름이 푸른 산을 덮쳤다
밤새 빗줄기가 흘림체로 새겼다
먼 계곡 소리 치레가 꽃잎에 젖었다
목화밭 너름새에 목청을 쏟았다

국수

비가 온다
비릿한 흙 내음새가 풍긴다
깔깔한 입맛에 국수를 들쳐 올리자
먼 파도에 밀린 수국 향이 내려앉는다
식당에 각기 다른 얼굴빛 식솔이 있다
후루룩 주린 배 채운 눈빛이 그지없다
뉘 지아비인 동아시아 이민 노동자들
육수국에 은근히 젖은 이건 무엇인가
집 떠나면 빈 곳이고 서러운 것이다
읽다만 해리포터 책갈피 사이로
푸성귀를 실은 푸른 포터가 지난다
인근 조선소에선 바다의 꿈을 짓고
층층 자귀나무에 매운 것이 흘렀다
더러 가슴이란 말과 글에 앞서는 것
그려, 몸 안 다치고 오래 살아야 제
희멀건 눈가를 훔치며 삶을 건진다
몇 가닥 섞어 올린 풍경 사이로

꽃은 씨앗의 은유다

지나간 계절은 은유를 키웠다
감자가 싹이 나고 잎이 나도록
끈적한 거적 아래 씨앗이 움트고
뿌리에서 새파란 고독이 자랐다
씨앗은 원래 죽은 영혼의 넋두리
조금씩 낡은 모서리에 싹이 돋고
고슬고슬한 밤이슬 쏟은 감자꽃에
줄기 따라 난간에 핀 몇 낱장 꽃처럼
그림자조차 없는 새들의 울음처럼
가늘게 휜 바람을 당긴 여름밤이
푸른 씨앗의 침묵을 읽는다
꽃은 삼키지 못한 씨앗의 은유다
어쩌다 파닥인 생을 쪼는 시구문(屍口門)에
잎들은 봉인된 시간 앞에 부리를 세운다

이팝나무 길

봄볕의 기록을 펴며
잎 넓은 저녁을 본다
바닷가 변두리 흙마루에 나앉아
한가한 농공단지 봄, 한나절
굳은살 박인 식솔의 기도를 듣는다
낮은 예배당에 수북 쌓인 복음처럼
그대가 부리고 간 가난한 꿈길이
침침히 켜진 가로등 불빛 따라
이팝나무 길 위로 환해 온다
누군가 깊이 사랑하거나
무언가 마음이 흠뻑 젖도록
가슴 멘 푸른 등 뒤를 보며
꼬깃꼬깃한 안부에 눈이 먼다

파도

시(詩)가 찾아온 날 일 겁니다
까마득한 눈앞에
와락 쏟고 간
새파란
고백

렌즈를 갈다

봄 줄기가 파란 촉을 내민다
날카롭게 돋은 편광을 길게 당기며
가끔 통영 북신동 오거리쯤에서
높은 건물이 길게 누워 그림자를 낳고
산부인과 쪽문을 밀며 슬그머니 사라진다
버클리 실용음악학원 1층 안경점에서
봄 줄기를 잡아 렌즈를 간다
늙은 스피노자가 박스 줍는 수레를 끈다
북신동 시장 골목길을 허리 숙여 지난다
사과를 쌓아 둔 자판을 넘어
바람에 흔들린 천막이 파도처럼 걸리고
갯나물 소쿠리를 앞에 두고 아낙이 존다
가랑이에 굴절된 아지랑이가 쓸쓸히 진다
삶이 보이는 것에만 머문 것이 아닌데
미안하게도 그늘만큼 굴곡진 렌즈처럼
볕은 그림자를 자꾸만 비켜 가며 꺾인다
길들지 않은 풍경으로 잠시 현기증이 난다
봄 줄기가 기웃대며 길거리를 살핀다
말없이 스친 차들이 몇 컷 흑백사진을 남기듯

바람의 장례(風葬)

늦가을 햇살이 산에 오른다
산새가 털고 나는 눈부신 잎사귀는
누가 살다 간 아픈 생(生)인가
우연처럼 배경이 되는 삶에게
스스럼없이 풍경이 되다가
한 마당 바람의 넋을 바라보았다
뼛속까지 발라가며 버틴 지느러미로
파닥이며 미끈거린 木魚의 옛일처럼
말없이 바다에 누운 폐선을 그리워했다
낙엽이 수북한 바람의 장례식에
앙상한 생을 씻어 줍는 바람은
어느 삶이 훔치고 간 눈물인가
붉은 저녁이 흥건한 들녘은
남은 숨결을 추려 계곡에 든다
뜨끈한 국물이 몇 술 돌도록

가을역(驛)

이젠 봇짐을 꾸려야 할 때인가 보다
거슬러 오르고 있는 오색 볕 등져 앉아
책 넘기듯 번잡했던 그물을 걷어야 할 때다
이쯤 내 사랑이 얼마간 삶에 익숙하도록
가을이 읽고 갈 시간만큼 떠나야 할 때다
언젠가 강을 당겨 갈대 붓질로 쓴 화선지처럼
발아래 꾹꾹 눌러 수런거림은 뿌리에 묻자
부서져 기꺼이 뉘 눈부심을 켤 수 있다면
인평동 숲길도 나름 길 찾아 물들겠지!
되짚어 보니 지난 건 바닷가에 북적이더라
얼마나 많은 너울을 넘기며 삭혀야 했는지
검불 같은 낙엽에 구름이 내려와 부스럭댄다
스산해 세심히 바라본 물결이 세월에 섞어
수천 마리 새떼가 한꺼번에 날듯 잎 지는데
귓갓길 우두 켠 달빛만 불경처럼 거룩했다
낡은 신문같이 그늘진 집 앞 정자 툇마루에
그래도 남은 이파리에 그리운 것도 많아
인쇄 내음 번진 활엽수가 모음으로 울었다
아프게 견디며 읽어 내린 바다에 쓴 편지를
인평동 숲길 하루가 낮게 길 여는 가을이면

푸른 수염을 기르는 여자

이른 아침 창문이 젖었다
어젯밤 비에 한 여자가 울고 갔다
푸른 수염을 기른 여인이 멀미하듯이
삶은 옥수수에서 말없이 김이 올랐다
된바람에 물큰 비린내가 났다
바닷새 날갯짓에 파도가 출렁이자
물때 빠진 뱃전이 하얀 잇몸으로 웃었다
한 사람을 온전히 받아들인다는 것은
파도의 지친 항해를 다독여 품는 일처럼
갯내 절인 제 지느러미 엮어가는 길임을
바다에 꿈을 기대 사는 항구는 알 것이다
예처럼 맨드라미가 붉게 핀 날이 있었다
다시 맑게 편 바다를 마주한 기억이 멀다
옥수수 밭길 키 큰 너울이 바람을 몰았다

세 여자
*로베르트 무질을 읽다.

갯메꽃이 붉다
연초록 치마를 입고 뭍에 앉았다
여름 볕이 와자하게 창을 두드린다
부딪치며 밀치며 인평동 숲길을 지나
하얀 조약돌 사이 물거품이 올랐다
바다를 끼고 있는 과수밭 옆을 걸었다
몇 해째 꽃과 열매가 아무렇게 널렸다
파도의 기별이 가끔 헛기침을 냈다
잡풀만 무성한 바람에 세 여자가 스친다
검게 그을린 어머니와 누이와 그녀가
시골 이발소 낡은 벽지에 걸린 그림처럼
비누 거품 면도를 하며 잠시 눈을 감는다
어머니와 누이와 그녀가 머문 과수밭길
묵고 짜고 씁쓸한 것이 가슴으로 젖었다
갯메꽃이 등지고 앉아 먼 바다를 본다
목에서 소리가 나는 선풍기에 잠을 깼다
낡은 그림 한 점 이발소를 나설 무렵이다

猫册(묘책)을 찾다

며칠째 치과 치료 중이다
저문 저녁 입 안 가득 젖은 솜을 물고
돌아왔다. 그녀의 집을 지나 한 참도록
수국이 함빡 침샘을 품어 길마중인 거리를
귓갓길 길고양이 한 마리가 비를 맞았다
살구씨를 물고 두건을 쓴 채 동구 밖에서
인평동 숲길이 쓸쓸히 웅크려 앉았다
비에 젖어 깡마른 눈만 희번들한 몰골로
자동차 서치 나이트처럼 푸른빛이었다
아무 말 없이 다가와 사라진 그의 몸짓이
온몸 터럭이 쭈뼛 솟도록 밤새 시렸다
묵은 숨결로 쌓인 사랑니 잇몸을
석공이 전동 드릴로 건드려 놓듯이
봄꽃이 지고 여름꽃이 필 무렵까지
바람에 묻지 못한 날들이
입 안에 헹구지 못한 문장으로 앓는 중이다
그녀의 창문에 날린 분홍 커튼의 시간처럼
녹록지 않은 물길이 버티어왔던 바닷가에서
삼키거나 들이마신 불빛들이 늦도록 서성인다

夏安居 1

모른다
산마루 짙어 깊은 곳에
속조차 씻은 세상 트집을
산길 다 내려왔을 때쯤
텃밭에 놓인 화두 한 삼태기

夏安居 2

비 오는 저녁 산사(山寺)에 매미가 운다
툇마루에 스님의 빨래만 하얗게 펄럭인다
제 허물 벗어 낭창 이는 한 대목 절창이다
꺾이듯 휘는 빗줄기 사이로 산을 흔든다

가자미식해

그만 잊자
파도가 가둔 바람의 퇴적층을
그만한 저녁이 올 때까지만 바라보자
부둣가 꾸덕꾸덕 널린 가자미 속앓이를
배 보자기에 좁쌀밥 버무려 묻어두자
뙤약볕에 삭혀야 할 것이 다만 아프지만
소금에 저며 곤한 눈빛이 비늘에 눕도록
만질만질한 몽돌 하나 해변에 묻어두자
가자미식해에 삭혀진 맑고 깊은 제 속을
바닷새가 읽고 갈 문장으로 남겨두자

앤젤 트럼펫
– 실존은 본질에 앞선다.

본시 하늘 뜻이 먼 곳만 아니다
어둠 속 신들의 점호 시간이면
고방에 저녁이 파도처럼 들어
앤젤 트럼펫 꽃이 나직이 핀다
여름 가고 가을로 드는 나절에
꽃은 잎들의 유전자를 닮았다
뿌리가 퍼 올린 잎들의 언어가
땅그늘 낮은 터에 환한 꽃을 밝혀
푸른 갈기에 새긴 볕 한 접시 붉다
몸짓으로 말을 거는 꽃의 문맥마다
바람 불어 잎들의 줄거리를 듣는다
몇몇 물고기가 봉긋이 올라 입질하듯
지느러미 친 삶이란 무늬를 읽는다

연어

몇 낱 가을볕이 푸른 비늘로 물결을 탄다
우리가 나선 갈림길이 다시 만나 집을 찾듯
물의 지문이 새긴 바람의 길을 더듬어 가며
댐 하천 콘크리트에 몸을 던져 튕겨 오른다
긴 강물로 거슬러 차오른 연어의 기억처럼
동구 밖 나무 안에서 맴돌이하는 나이테는
늙으신 어머님 얼굴에 어린 말 없는 문장이다
삶의 앞에 온몸 진창이게 견딘 연뿌리가
탯줄이 당긴 살붙이끼리 그리운 끈이란 것이
티베트고원 어디쯤 두리번대는 검은 야크처럼
한 송이 붉은 연꽃에 맺힌 관음의 눈물이려니
파도에 깃든 은빛 연어를 씻는 기억을 읽는다

인다라[因陀羅]
− 〈화엄경(華嚴經)〉을 읽다.

툇마루 거미줄이 비를 맞는다
허공에 얽힌 실들이
볕에 기대며 서로 살갑다
하늘과 땅,
비와 빗줄기 사이
주름들이 펄럭인다
삶의 무늬가 맺힌 물방울들

이것이 있으므로 저것이 있고,
저것이 있으므로 이것이 있다
이것이 없으므로 저것이 없고,
저것이 없으므로 이섯이 있다

참돔 한 점, 바다 한 접시

이 한 점, 무엇
시 한 접시,
바다 한 점

붉은 초장을 발라 삼킨다
한입 가득 바다를 읽는다

삼가 조사의 탄식을 우물거린다
등지느러미 줄기로 어간을 삼고
꼬리지느러미 잎사귀로 어미를 지어
시큼한 활용어 한 접시 시켜놓았다

제2부

호모 메모리스

무기를 만들어 호황인 도시에는 유치원 폐업이 늘었다
회사로 출근한 사내들은 집으로 오는 길을 기억하지 못한다
텅 빈 씨앗 주머니를 찬 아이들은 지구를 떠날 날을 꿈꾼다
AI 교과서를 펴든 교실에는 이미 살다 간 과거로 가득하다
대기를 떠돈 음표와 거품이 하얗게 퍼진 바다를 들여다본다
처녀들은 드문드문 아이를 낳고 아이는 아비 없이 잘 자란다
농기구를 만드는 대장간 옆에는 녹슨 스텔스 비행기가 쌓였다
기억나지 않은 계절을 보낸 헌 옷들이 수거함 위로 넘쳐난다
검은 비닐 뭉치에 버린 기억들은 다시 돌아오지 않을 것이다
캡슐에 담긴 아비와 신생아실 고무젖꼭지를 그리워할 것이다
드론을 타고 떠난 카메라가 사람이 뜸한 도심 물끄러미 본다
다시 한번 살아나는 것은 보이지 않게 사람을 닮은 것뿐이다

동굴의 우화(寓話)[1]

거울 뒷면은 굴절된 기억이 산다. 문턱 넘어 TV 화면이 흐른다. 뺄밭에 장어를 꺼내듯 주검을 꺼낸다. 홍수에 갇힌 터널은 동굴의 우화다. 밤이 깊다. 안과 밖이 같다. 둥근 돌멩이가 하늘의 달을 닮았다. 맷돌 아래 꺼낸 저녁 밥상에 추어탕 한 그릇, 친절한 주검을 퍼 올린다. 수저에 걸친 그림자가 흔들린다. 바깥에 고인 슬픔이 주저앉는다. 평면에 갇힌 주검이 화면에 흐른다. 맴돌이하는 국그릇에 목덜미가 칼칼하다. 어쩔 수 없는 죽음은 없다. 다만 기억이 굴절된 채 남을 뿐이다. 동굴은 어두운 눈빛을 키우고 바깥은 여전히 동굴 안 어두운 밤에 익숙하다. 주검만큼 큰 공간은 없다. 이제 아무것도 변화하지 않아도 좋다. 오래 살아남았다는 것은 더 오래 동굴의 울음과 마주해야 할 일인지 모른다. TV에 비친 뉴스는 여전히 거울 뒷면에 자리 잡은 우리 이야기다.

---

[1] 동굴의 비유(영어: Allegory of the Cave 또는 Plato's Cave)는 이데아론을 설명하기 위해서, 고대 그리스의 철학자 플라톤이 생각한 비유이다. '국가' 제7권에서 상술된다.

동충하초(冬虫夏草)

떡갈나무 서랍을 연다
서랍 안 매미 소리로 우글거린다
열린 눈이 잠시 눈부셔 깜깜하다가
모락모락 김을 뿜어 열리는 전기밥솥처럼
안이 가벼워지고 바깥이 두터워 때
겨드랑이가 지느러미처럼 우화(羽化) 중이다
이 습한 어둠은 무엇이 떠난 자리인가
두터워진 그늘이 창문을 밀고 가며
층층이 잠든 어둠이 하얗게 몸을 푼다
붉은 혀들이 새싹처럼 새김질이다
입 한 모금 머금어 하늘을 보고
또 한 모금 축이며 날개를 녹인다
떡갈나무 잎이 변한 새의 부리를
아무도 묻지 않는다. 겨울 숲길에
몇 밤을 걷다 그 일이 일어난 것인지
어떤 것은 하얗게,
또 어떤 것은 파란
눈길에 녹아든 새 발자국과 흰소리가
붉은 열매를 몇 점씩 쪼다 잠이 든다
구석에 매만져지는 그림자 한 줌
소매 깃을 펴며 기억을 불러 춤사위다

관음(觀音)
– 昌原 年代記

이 박제된 울음은 누군가
피도 안 간 내장을 걸쳐 놓고
초록 버들가지에 소리가 든다
팽팽히 탯줄을 감은 나이테처럼
목구녕 대리는 잎들이 겹겹 푸르다

흥건히 소낙비 감싸주는 날에
몇 나절 수국이 붉게 댕겨 들면
용접 불빛에 나는 우화의 꿈처럼
날리는 청동빛 잉걸불, 누가 떠났나

넋 줌씩 딘져진 도시의 어둠으로
먼 죽음을 부르다 흥건히 잠이 든다
빌딩 숲 떠도는 만행 선승처럼
세속으로 갈아입지 못한 시간이 간다
회색빛 나뭇잎들이 거리에 뒹굴도록
텅 빈 우화를 꿈꾸는 그림자들이
아무도 귀담지 않은 소리를 담고
박제된 울음, 무엇이 떠난 것인가

들춰 쓴 안전모 필터에 낀 소리를 본다.
무딘 지문으로 몇 줌 용접 불티 가득히

들썩인다. 쇳물에 녹이 슨 노래를 줍는다
붉은점모시나비가 떠난 여름을 깁고 있다

서어나무 숲

요양병원 문병 길,
서어나무 숲이 있다
한때 창창한 숲에 무엇이 있던가
길섶에 잃어버린 시간이 자라고
해오라기 무리가 해종일 말없이 나앉았다
빛바랜 허물이 벗어 논 뒤란을 돌면
애벌레 한 마리 느릿느릿 수행 중이다
꿈틀꿈틀 동그랗게 늘어놓은 혼잣말,
꼬깃꼬깃 오래전 구겨진 생이 비릿하다
굽혔다 길게 펴는 삶이란 나이테가
겹겹 침샘을 발라가면서 삼킨 넋두리다
요양병원 문병 길,
흩어진 자모음을 더듬어 찾는
서어나무 숲 애벌레 한 마리가
한 뼘 잎새에 주섬주섬 길을 떠돌고
새 떼들은 구름을 물아 쓸쓸히 올랐다

평면거울

물들어 가득 오른 가을 산이 깊다
주섬주섬 색색 바람을 읊거나
아무도 읽지 않는 글을 짓듯이

산이 누운 연못에 고뇌를 비추어 보는, 낙엽들의 차디찬 주름이 모여든다. 간간이 끌며 가는 산 그림자가 창백한 고요가 출렁인다. 둥글게 둥글게 물결을 몰아 깊은 동굴이 숨을 쉰다

가을 산이 파닥인다
거울처럼 시간을 쌓는 중이다
동그랗게 똬리를 틀어 산에 눕는다
둥근 주문이 거울 속에 맴돈다
텅 빈 산과 산이 물결처럼

평면으로 누운 연못 안으로
오리랑 내이랑 평면 속에 뒤척인다
골 골 따라 볕을 턴 물고기처럼
푸른 지느러미로 햇살을 탄다
햇살 아래로 점과 선을 깔아가며
물이 간 이파리들 켜켜이
물렁물렁 푸딩처럼 펄럭거리거나
계곡에 널린 낙엽의 중얼거림으로 오물거린다

가문비나무 옆 거칠고 긁힌 거리를 나서며

암녹색 가문비나무 옆으로 난 길이 무겁다
빨랫줄에 걸린 옷소매가 툭 칠 때까지 몰랐다
전염병에 긁힌 아침 거리가 파랗게 번지도록
건널목 따라 시간이 줄을 길게 늘어진 것을
한 뼘 물러난 공간이 내준 불안이 자라도록
몰랐다. 살처분으로 쫓긴 주차장과 항구에
바람만 일었다. 멈춘 차들과 서성인 뱃전에
노란 기하학적 무늬가 접힌 이파리에는
묘지처럼 가득 메운 콘크리트가 웅성거린다
몇 잎 내뿜는 세차장 비누 거품이 부풀어 오른다
가문비나무 옆으로 방울방울 꿈꾸며 흔들거린다
뻘들이 짐든 니무줄기가 수생식물처럼 넘나들어
길게 드러누운 그림자로 물고기 떼를 몰고 간다
붉은 장미꽃이 겹겹 비늘을 새겨 돋는 길목으로
비릿한 부레를 널린 빨랫줄이 팽팽히 둥둥대는데
마스크를 벗고 층층이 올라앉은 아파트 불빛들은
가문비나무 옆 거칠고 긁힌 골목의 동굴을 키웠다
물결 소리가 동굴 안으로 장례식 취객처럼 휘청인다

집과 길

회화나무 한 그루에 가을에 들면
사라진 매미 울음이 골목골목 든다
여름내 높다랗게 치솟은 잎사귀에
길들은 울음이 퍼지는 하얀 볕을 따라
늦여름이 내는 소리를 음각한다
푸른 바깥이 기웃대며
골목골목 귀에 익은 날들이
덜어낸 한 시절처럼 나뭇잎에 박제다
가구의 말들이 방 가득 와자하도록
집들은 툇마루를 훔치며
밀려드는 길들이 바라본다
기억은 낯익은 방을 기웃대거나
바깥의 그림자를 흔들어 놓는다

비파 무늬 청동거울 속 여행

 책장을 넘기듯 연못은 가득히 청동빛이다. 결 따라 직조된 비파잎은 슬픈 왕조의 궁터를 읽는 중이다. 비파나무에 비파가 익어 가면 산문처럼 늘어선 성(城)을 둘러 모여든 물결이 연못의 이른 새벽으로 뒤척인다. 한 움큼 명주뭉치로 녹슨 세월을 문지르면 몇몇 서술어의 매듭마다 솜털처럼 부드러운 어두움이 스민다. 비파잎 물 결로 파닥이는 물고기 떼가 가락가락 연못 둘레를 쓸어 올리는 숨결은 아가미마다 행간을 짚어 선홍빛을 몰아간다. 비늘이 솟은 하얀 소리가 구름 모양의 가락을 모아 중심에서 밀려 나가는 결들이 분주하다.

 습한 여름이 물러가는 연못의 새벽은 비파를 줍는 코흘리개 어린아이의 입질로 둥글다. 지금까지 모르고 있었던 연못의 기억을 깨우는 중이다. 몰려드는 연못 둘 레의 숨결들이 이제 모두 그 속으로 들어간다. 팽팽하고 굵직한 숨결을 말랑말랑 풀어놓는 중이다. 이제껏 무슨 일이 일어났는지 연못은 모른다.

 꿈결처럼 기억을 되새김하는 검은 잉어 한 마리 지느러미를 봉긋 들어 몸을 튼다. 연못 둘레를 낀 청동 갑옷 두른 나무들이 줄지어 검푸른 새벽을 연다. 가지마다 드는 햇살에 따라 색색 물비늘을 매단 잎들이 무성하다. 푸르게 고요한 거울의 내면 은 처음인 양 모르는 표정이다. 맨질맨질 손때 절인 얕은 물결이 돌 틈에 에둘러 이끼를 던져놓는다. 비파잎에 오랜 서사가 도돌이표로 자작자작 댄다.

자꾸만 꺾어지는 남강을 바라본다

회색 달빛이 점묘하듯 흐른다
방바닥에 엎드린 흘려 넘긴 책갈피 따라
비닐 장판에 꾹 눌러쓴 자국이 점자처럼
돋는다. 가뭇하게 엷은 가로등의 기억이
희다. 다 닳은 모래알의 침식을 읽어가듯
파래진 이끼들이 입술을 깨물어 읊조린다
어금니를 던져놓은 고향집 초가지붕 위로
자꾸만 목이 꺾이는 초병의 그리움을 따라가면
이랑이랑 감긴 눈길에 내 젖무덤이 팽팽해졌다
멀리 두고 온 식솔들의 저녁이
흐린 날처럼 가슴을 문질러 놓고
아득한 물길을 점묘하듯 결결 흘러들어
복판에서 바깥으로 점점이 물빛이 번진다

우화(羽化)

단풍나무 매미 집은
여름이 남긴
매미의 기억이다

소리는 어디로 사그라들었을까
골목으로 밀려난 것일까
보도블록에 낀 네모진 것인가
파도에 밀려난 늦여름 비린내처럼
도시 매연에 그을린 소리의 껍질들

채집통에 남은 나비의 기억은
가을 잎들이 제빛으로 찾아드는
도시의 빌딩에 빨려든 흔적으로
저녁을 석쇠에 굽거나 둘러앉아
벌건 숯불을 주워 먹는 식이다

출렁인 여름이 살던 매미 집은
떨림도 바램도 가냘픈 고백도
딱딱한 외피를 쓴 기표들도
사라진 소리의 기억을 쫓는 중이다

가을산, 한 폭의 액션 페인팅

가을 산, 한 폭의 액션 페인팅
기억을 켜둔 채 색색 물든다
바람의 웅성거림과
흩뿌려진 가을볕으로
시간의 기호들을 풀어헤친다.
읽을 수 없는 바람과 볕들은
나무거나 잎입니다

휘 번득 거울 속으로
가지 떠나 잎들이 중얼거립니다
물결처럼 나풀거립니다
바람과 볕들에 섞여 있습니다
언제 가라앉을지 사그라질지
그것이 정말 진짜일지
기억이 켜둔 산빛이 도착했습니다

모였다 흩어집니다
머금다 지나칩니다
다행히 나는 없습니다
빠져나가고 있습니다
날아간 물새 소리입니다

쓰레기통

내 방구석에는 해파리 한 마리가 산다. 먹고 싸는 것이, 들고 나는 욕망이 같은 하루하루를 살다가도 변기통을 붙들고 울다 잠든 밤을 물끄러미 바라보는 기억이 산다.

조금씩 떠밀려 가는 모니터에 이제 하찮게 흩어지는 기억의 조각들을 바라보며 씻고 벗고 해 봤자 한곳뿐인 방 모퉁이, 끈적하게 들러붙어 있으려 해도 커서에 떠밀려 욕망을 씻는 해명할 수 없는 날들이 비데에 볼기짝을 웅크린 채 있다.

한 알의 말씨를 토하기 위해 팽팽한 괄약근을 부여잡고 신음하는 색기에 밀려난 욕망이 공허하다. 퀴퀴하게 묵은 것들이 빠져나가는 둥근 입주름을 닦아내며 혀끝을 씻는 해파리 한 마리가 산다.

낙엽

햇살에 뒹구는 말들의 풍경,
유리창 바깥으로 모인 잎을 껴안고
가야 할 곳을 잃은 길들이 마주한다
길 위에 뒤척인 잎들이 열어가는
손 닿지 않은 후미진 등뼈 깊숙이
어둠의 가려움과 온몸의 가려움으로
가을은 들녘마다 불을 켠 채 흘러간다
타고 남은 뼈들이 말의 유산이 되듯이
불꽃 데인 물집은 몸의 기억을 가둔다
서로의 빛남을 먼발치에 마주 보면
우리는 혼자였을 때보다 외로웠다
내내 유리에 번지는 불빛들이
더 먼 바다로, 더 깊은 잠으로
오늘도 파닥인 새들이 앉았다 흩어진다
이불을 끌어 마주한 수평선은
바닥에 누운 잠이 죽음보다 편안하리라
낙엽이 다 지도록 안부를 묻지 못한 날이
길섶에 남아 있는 바람의 무늬처럼
한땀 한땀 줄임표로 점점이 박음질한다
마주 선 유리와 붉은 가로등 사이로
속도를 잊은 버려진 버스 바퀴가
가을을 껴안고 어슷하게 눕는다

만져지지 않은 바깥의 풍경들이
넘어지거나 뒹구는 죽은 말들이
바다가 늘 앞에 와 있었던 날처럼
뻘밭에 자작한 습한 냄새가 그리운 날은
유리창 넘어 거리에 부스러진 채
죽음을 먼저 배우고 있는 그들은
돌아갈 수 없는 날을 안경 너머 본다

화어(花魚), 통영 파렛트(pallet)

통영 바닷가 짜장면집에 나앉았다
파도가 주방 넘어, 밀가루 반죽을 친다
뒤를 밟아 살며시 다가온 그림자처럼
주린 가닥에서 건진 면발이 물결을 탄다
비벼올린 자장 국물이 튀어 눈이 아린다
벌겋게 쓰린 눈 속에 수국 향이 번진다
차오른 파도 색색 화어가 바다를 그린다

고물 세탁기

우리 집 세탁기 소리는 양호하지 못하다
새롭게 옮긴 직장 근처 원룸에서 만난 세탁기가
어찌 된 것인지 오래된 바람의 이력을 되먹인다
묵은 세월로 넘치지도 모자람도 없이 넉살이다

가난한 세간살이가 허름한 러닝셔츠를 안고 지난 세월을 씻는다. 한쪽으로 기우뚱한 모퉁이에 골지를 접어 괴었건만 쉬이 피로한 탓에 중심 잃은 둔탁한 소리가 애 섧다. 먼 이곳까지 흘러 털털대며 뒷물 호수에 물이 새는 세조(洗槽) 안 부처가 계신다. 눈에 밟히고 마음에 짚이는 소리를 닮은 나는 묵은 때 다 지도록 쪼그려 앉아 화두를 놓지 못했다. 팽팽한 빨판에 낮게 엎드려 둥글게 핀 연꽃 시문(詩文)을 읽는 눈으로 오래 것 저민다.

하늘소

내가 아파트 샛길 지나 숲으로 들 때쯤
하늘소처럼 늙은 어미가 건너편에 있다
고개 숙인 머리엔 나뭇가지 무늬를 하고
버려진 파지를 싣고 골목길을 밀며 간다
길게 뻗은 국화꽃이 푸른 더듬이를 켠다
평생 하늘만이고 가신 어머니 기일인데
낡은 유모차에 삐쩍 마른 젖가슴을 걸쳐
온 동네 뉘엿뉘엿 해거름을 끌고 가신다
이마를 가린 두건에 야윈 어머님 눈처럼
풀잎에 든 물방울로 번지는 도심 골목길
일찍 가신 어머니가 저 나이쯤 되셨을까
가을 길 따라 쓸쓸히 숲 사이로 묽이 든다

낙타
– 짜라투스트라는 이렇게 말했다.

한때 푸른 초원의 사자를 꿈꾼 적 있지
세상에 맞서 푸른 갈기를 새워 울부짖는
앞뒤 없는 바다 위 파도와 겨운 어부처럼
바람이 싼 지층이 말보다 눈빛을 삼켰지
방울방울 떠돈 말들이 올라 구름이 되고
수백 년 지난 잎 넓은 나무 벤치에 나앉아
푸석한 흙먼질 뚜벅뚜벅 걷은 저녁을 본다
아이들이 들어간 학교 뜰을 어슬렁어슬렁
바람이 불면 풀잎에 눕고
파도 치면 갯바위에 올라
둥글게 감아 눈부시게 맑은 유년의 뜰에
등 굽은 늙은 사내가 운동장을 끌며 돈다
그도 한때 도심 속 사막을 건너왔을 날은
끝없이 흔들린 파도를 가둔 바다이었겠지
마스크 쓴 낙타가 사막을 읽듯이 걷는다

나무의 경전

숲길에 들어 말없이 합장했다.
나무에든 말들이 잎새에 푸르다
걸어 들어온 길을 벗어 둔 나무는
멧새 소리로 바람의 지문을 듣는다
여기까지가 삶이 부린 무늬라고
푸른 햇살이 나무의 경전을 읽는다
나무가 이곳에 들어 숲이 된 까닭을
우듬지 바람이 허기를 삼킨 울음처럼
둥글게 모인 들꽃이 숲에 수런거린다
길을 품고 살아 본 사람은 알 것이다
말없이 눈빛으로 사는 살이가 그렇다
나무가 간간이 연둣빛 메아리를 친다
숲도 사람살이 닮아 물이 든 거라고
숲길에 잎들이 소리 없이 합장 合掌한다

나무의 시문(詩文)

숲은 산이 품은 괄호다
나무는 산에 들어 살며
저문 녘 길 따라 숲에 오른다
괄호는 침묵의 언어다
궁리가 새긴 입가의 주름처럼
바람이 꺼당긴 결이 그렇듯
씨와 날이 얽은 길을 읽는다
산 날같이 너무 말이 많았다
길에 드는 건 나에게 이른 것
계곡 물소리가 낭랑히 들렸다
솔바람이 내려와 짠 옷깃처럼
비늘이 바다에 솟은 물결이라면
잎은 나무가 품은 시문 詩文이다
한소끔 숲이 모여 행간을 짚듯이

통영바다 1

꼼짝없이 바다의 모습은 쓸쓸했다
물속 지문이 부려놓은 바람이 차다
겹겹 물길에 감기는 둑길 그림자를 따라
말려든 파도가 바다를 향하는 날이면
둑길 구철초며, 쑥부쟁이는 말을 아낀다
모래톱에 남은 열풍이 재는 모래시계처럼
짐짓 빠져나간 도시의 시간들을
긴 부리로 물의 지문을 켜켜이 쪼아대며
푸르른 날의 기억을 찾아 가로등을 바라본다
간간이 반짝이며 자잘한 꽃들이 길을 밝힌다
묵묵한 바다가 속내를 뒤척여 갈무리하듯이

통영바다 2

여름 한낮 바다는 햇살이 솔찬하다
하이얀 유년이 온통 목화꽃으로 나부낀다
희끗한 물결이 청태밭 두루 몰려와도 좋다
흰꽃 지면 보라색 미영꽃 아래 다래도 익겠지
여름 대낮 통영 바다는 해조음에 꿈꾼다
작게 부서져 뒤란에 핀 파도 소리에
달삭하니 다래 여문 가을이 오면
하나둘 멀어져가는 섬처럼
점점이 모래 묻 새들의 발자국들은
대처에 시집간 누이가 그리울 것이다
바람이 그물을 놓아 오랜 기억의 타래를 끌 듯

바람의 등고선

초저녁 소낙비가 내렸다
바다가 수평에 이르도록
후박나무 초록 잎새를 지나
청포꽃이 해안에 지천이도록
재갈매기 한 마리가 울고 갔다
너른 바다에 두고 온 비릿한 삶을
등푸른 연어 떼의 눈부신 비늘을
접은 바람의 순례에 거둬들이며
얼마간 뒤척인 밤을 보냈으랴
늙은 어부가 부린 등고선 아래로
저며 온 물질을 무던히 다잡아
싱싱한 파도에 쏟고 간
한 움큼 소금기가 가시기 전에
뜨끈한 술국이 매운 목젖을 데우며
지친 두 발을 바다에 내려놓고
낡은 나룻배 두어 척
어깨를 기웃대며 잠에 든다
바람의 항해를 읽고 있겠지
저문 부둣가 흐름을 재듯

바다의 경전

거울은 깊은 평면이다
하얀 으름장을 놓고, 뒷짐이다
잔잔한 바다는 거울을 닮았다.
숨 가쁜 격랑을 내려놓은 것이다
평면의 바다는
무한을 떠돌다 흐른 것을 속에 감춘 듯
제 속을 비추며 깊은 거울의 잠에 든다
흔들린 대로 결을 엮어 다린 속내를
뱃전에 푸른 비늘로 솟아 내는 것이
사는 날같이 속 모를 길이다
포구에 부린 햇살이 길노래를 켠다
톳이 톡톡 흔들대는 갯가로
몇 낱장 창백한 구름이 내려앉아
어깨를 치며 말을 거는데
바닷새가 뿌린 간잡이 깊은 맛을
소금 굽는 뙤약볕 아래
밑간 매겨 말갛게 우려낸 햇살로
바다는 깊은 평면의 결전을 읽는다

바다의 편지 1

기다림을 아는 이는 바다를 안다

에둘러 간물에 절인 물미역이 파랗게 몸을 세운다. 돌아오지 않은 배들이 산다는 수평선, 가까이 갈수록 멀어지는 파도는 안녕한가. 하늘과 맞닿은 먼 곳을 바라보며 오지 않은 사람을 불러본 적 있다. 새 떼의 발자국이 지나간 바람의 문장보다 아픈 저녁이다. 그도 어느 땐가는 누군가의 이름을 부르며 아파할까. 고물에 걸린 배 뒷전 먼 죽음을 생각하며 잠이 든다.

간물 밴 바다의 속내를 읽은 이는
함부로 바다의 일들을 말하지 못한다
파도에 던진 물음이 어제처럼 눈부시다
대답 없는 몇 장의 파도를 읽는다
건달 같은 초가을 바람이 분다

바다의 편지 2

몇 굽이 흐르다 보면 알 것도 같았지만
너는 정작 파도에 부서진 신기루였거나
멀리 나는 바다 갈매기였을지도 모르지
아님. 물무늬가 그린 파래나 물미역처럼
층층이 바람으로 푸르게 문장을 쌓아가며
네가 꿈꾸는 섬 그늘에 안겨 저무는 날을
우두커니 선 눈빛만으로 바라보는 저 등대를

바다의 편지 3

깔깔한 호박잎 다 옹글도록 가을볕이 길다
금세 번지는 야트막한 산들에 저물어 가는
석포리 저녁 길을 엿보다가
궁리 끝에 불어낸 지청구는 아니겠지만
다투지 않고 제빛에 겨울 산비탈 돌아 바닷가에서
풀지 못할 부호를 찍고 떠난 새들의 안부를 묻다가
시방 천지에 터 잡은 갯벌을 지나, 갈대 둔덕에 서면
달항아리같이 하얀 엉덩이 뒤태로 철퍼덕 내려앉은
고혹스럽게 갈라지며 탱탱하게 벌린 해안선 물길 따라
바다에 뒷물하는 모습에 후끈 오른 노을을 시샘하다가
총
총
총
오매 요상한 것들

오지게 매운 산그리메 드는 여백을 바다에 내 불러놓고

바다의 편지 4

바다에 반짝인 햇살 한 점으로 읽히는
그 빛과 비늘이 눈앞 해안에 드는 이유로
바람의 행간이 축축이 젖는 까닭은 아니다

청어 몇 두름 익어가는 덕장 몇 마장쯤에서
스치듯 지나는 겨울의 이야기를 쭈그려 지키며
한때나마 그대 풍경으로 머무는 날이 있었다

바다라 하여 어찌 철을 몰랐겠는가.
물이라 하여 어찌 높낮이를 모르겠는가.
헤집고 널어본들 이미 젖은 몽돌밭 미역만 하겠는가

가지런한 햇살마다 갈대에 이는 탓으로
눈앞 갱번이 순간 캄캄해지고 먹먹해지는 것이
꾸덕꾸덕 말린 바다의 편지 몇 소절로 외는 바람이면
이제 그 풍경이 만드는 배경으로 지기로 하자
한때나마 그대 풍경이 내 배경이었던 까닭으로

바다의 편지 5

가을 가야산에 오른다
갈참나무 잎새에 계곡 소리가 차다
오들오들 도토리가 설피 여물고
떨어진 잎들이 앞서 길을 오른다
산문 앞에 합장하고 목어를 바라보며
잠시 추녀 끝 출렁이는 바다를 그리워했다
바람 따라 저문 하루가 힘준한 준령을 넘는다
굳게 잠긴 선방 툇마루에 오색 낙엽 두엇 잎
까닭 없는 노을의 지청구를 내려놓는다
자리다툼이 여전한 숲속 앙상한 나무들
살아있다는 것, 그래 여긴들 생이 없으랴
낡은 저녁 찻잔에 목어가 젖어 든다
먼 바다에 햇살로 부서지는 파도가
여전히 여기 가야산을 켠 둔 채
홀연한 바람으로 잠을 청한다

바다의 편지 6

해인에 들도록
산중 계곡에 부려놓은 물비늘은
가문 산비탈에 분별없이 억새만 키웠다
볕들이 빛나는 가을을 따라 걷다가
바짓단에 묻은 풀씨를 쓸어내며
걸음을 멈춘다. 바지춤을 끄러 가며
풀물 든 가랑이를 추켜세워 돌려본다
모질게 떼어놓은 것이 사랑이라고
저를 건너온 그림자가 따라온 것이다
말없이 낙엽을 끌어안고 다독이는 길들이
바람을 읽는 문장들이 익숙한 수식어처럼
제 슬픈 행간에서 밤새 출렁이도록 몰랐다
다 죽은 꽃가지에도 꽃이 피고 지듯이
때가 다하면 다시 시절에 드는 일처럼
해인에 들도록 몰랐다

주남지(池)에서

바람이 안고 온 길들이 물 위에 앉는다
부려놓은 길들에 놀라 물결이 파닥인다
길을 가다가 잠시 침묵으로 앉은 것이
주남지에 깊게 쌓인 새 떼뿐이겠는가
제 길이 힘겨워 되돌아보는 날이면
깊게 쌓이고 무거워진 세월이 키운 저 침묵을
알 것이다

안개에 잠긴 침묵이 깊다
말이 없다고 생각조차 없겠는가
갈대가 몸 비벼 호수를 깨치며
떠나고 돌아오는 혹은 되돌린 길들이
잠잠히 제 떠나온 날을 헤는 일처럼

해바라기
― 고흐가 그랬다.

고흐가 그랬다.
잘린 귀를 움켜쥐고 뚜벅뚜벅 합성동 보청기 가게를 지나친다. 세상 시빗거릴 돌려줄 참인지 아님, 제 가슴의 일을 찾아야 할 때라 여겼던지 해바라기처럼 웃었다. 까닭 없이 머리만 키운 놈들을 지하도에 구겨 넣고 있는 일몰 日沒의 시각, 마산역 지나 통닭집을 찾아드는데 방갈로 장작가리 위에 꼬챙이에 꿴 채 머리 잘린 중생이 알몸으로 소신공양 중이지 않은가. 오― 장작 나무 타불 관세음보살, 큰 머리 노란 띠 싸맨 꼴로 연신 합장이니 끈적끈적한 서러움이 베어진 귓바퀴 타고 훌쩍이는데, 달아오른 불똥이 갑자기 날아와 귀싸대기를 벌겋게 후려갈기며 하는 말, 닭대가리만도 못한 놈

얼얼한 귓불을 만지작대며 은박지에 웅크린 튀김 닭을 품에 안고 해안도로에 들자, 주변 키 큰 아파트조차 저를 낮춰 몸 씻는 저문 바다의 거룩함에 노을조차 스산해 울더라. 저를 찾아 면도날로 날 선 세상을 베었건만 쉼 없이 물고 와 짠하게 되묻는 바다의 일을 한사코 모른다고 하리, 다시 코를 베고 머리통마저 날려버린들 잔 너울에 뜨는 저를 벨 수 없음을 정작 저만 모르랴, 어둠에 하나 둘 경배를 거둬들이는 콘크리트 더미가 그림자를 세워 길을 비켜서는데 가슴팍 튀김 닭 온기가 잃은 넋을 데워 갯

내 절인 눈물을 훔쳐 가며 해인 海印을 보았느냐 묻더라.

고흐가 그랬지

멍

이렇게 국화 향기 지는 가을 나절이면 볕 잘 든 담벼락 아래 붉은 고추를 널어놓고 덕석에 나앉아 묵은 놋쇠 그릇을 닦던 노모 老母가 계신다. 깨진 기와 부스러기를 자디잘게 빻아 한풀 죽인 짚수세미로 닦던 어머니가, 읍내 장터에서 구해 온 광약이면 몇 번 쓱 문지르고 말 일을, 바람에 허연 억새가 가르마를 넘는 세월을 닦고 계셨다. 여 남짓 어린 날 몸에 잡힌 기억을 놓지 못한 되새김일는지 모르랴. 한 줌 수세미 질로 아롱진 동심결이 차라리 섧게 일렁일 때면 먹먹한 그녀의 타령이 꺾어지며 잦아들던 고갯길 그쯤에서 유년을 가로질러 감잎처럼 와락 눈물 달이는 놋그릇 몇 점

몽돌

무학 舞鶴에 이르러 바다를 만났습니다
산에 들고자 했건만 바다를 내줍니다
몇 비랑 접어 오른 칠 부 능선쯤
잠시 길을 잃고 마산만을 바라보며
계곡에 앉았습니다
뒤따르던 길들이 숲에 몸을 낮추고
맑게 흐르는 계곡 물가를 서성입니다
앙상한 볼 주름이 겹겹이 물길로 피다가
낯선 얼굴 아래 몽돌 하나로 방긋 웃습니다
매끈하게 깎여 다부진 한 움큼인 채로
한참을 물아래 두고 만지작대면서 홀로입니다
나름 가파르게 오른 산길에서 만난 몸짓만으로
무학이 가리키는 바다의 의미를 몰랐습니다
날카롭거나 모난 것이 둥글어질 때까지
알게 모르게 견디어 온 날이 참 많았습니다
아직 길은 한참인데
반들반들 몽돌 하나가 가슴 한편에 터를 잡습니다
산에 들자 했건만 몸 낮춘 바다를 만났습니다

안과 겉

해파리와 방구석 쓰레기통
입과 항문이 하나라서,
삼키고 게워 내며 그 자리에 머문다
삶과 죽음, 들고 남이
푸른빛 아래 그늘이 둘이 아니다

어느 날은 한 방향으로 흐르고,
또 다른 날은 둥글게 머무르며
쉽게 버려진 날에 대해 생각한다
뚜껑 아래 꾸역꾸역 끼적댄 속앓이가
아직도 이쪽저쪽 기울어지며 흔들린다

움켜쥐려 하면 빠져나가고,
발끝에 닿는 것마다 사라져,
거실 화초나 돌처럼 다만 사는 척이다
흙 한 줌 뿌리의 목마름과
검게 다문 돌덩이 속에
무엇을 삼켜야 할지
무엇을 내뱉어야 할지
깨닫기 전까지는

늑골 횡격막을 치근대며,

까닭 없이 들고난 우두커니
안과 겉, 부조리의 중심에서
삶은 시금털털 무트림인데
어이없이 늦가을이 시고, 떫도록
침묵의 언어로 말을 건다

눈 내린 영화관 뒷골목 우화(偶話)

눈이 내린다. 하얗게 내려앉는다. 도시가 조용하다. 허름한 세탁소를 지나 모퉁이 종묘상을 돌면 버스 정류장 건너 심야극장이 있다. 그 앞 가로등은 주억거리며 어슴푸레 빛을 뿜어낸다.

눈앞이 하얗다. 텅 비워간다. 온갖 소란스러움이 사라지고, 늘어진 필름 사이로 한물간 여배우의 붉은 입술이 흘러내리는 골목, 촉촉하고 지친 밤거리에서 나뭇가지들은 밖에서 눈을 맞고, 한 겹씩 무겁게 주름을 쌓는다. 세탁소에 내걸린 골목길이 기웃거리고, 중심이 되지 못한 말들이 낙엽으로 휩쓸린다.

도시 끝자락으로 밀려난 눈발이 세차다. 거세되지 못한 남루한 붉은 등불이 뒷골목 따라 번지고, 열린 극장 유리창 사이로 커튼이 안과 밖을 오간다. 밀려든 바람에 골목골목 헹굼이다. 굽이치며 몸을 떠는 걸개그림 광고들 펄럭인다. 어슷하게 시멘트 돌담을 끼고 주름이 깊다.

심야극장 영사기 불빛이 살며시 앉는다. 하얀 플라스틱 일회용 컵라면으로 주린 배를 채운 수증기가 흩어진다. 건져 올린 칼칼한 향기가 목구멍 타고 내려가 오래된 기억을 불러온다. 눈꺼풀 위, 젖은 잎사귀처럼 나부끼는 추억들. 손을 모아 어깨를 감싸 안은 채 골똘히 젖은 꿈을 채집한다.

길게 늘어선 골목길, 구불구불한 순대 국밥집 어둠이 열린 주름이다. 버려진 폐가구 더미에도 흰 눈이 쌓인다. 묵묵히 자신만의 대사(臺詞)를 녹아내는 시간이 필요할 것이다. 아직 남은 망가진 문짝이며 서랍들이 중얼거린다. 투명함이 닫히고 어둠이 열리는 저녁이 식어간다. 어디선가 입술이 새파란 아이들 웃음소리가 하얗게 쏟아진다.

원격 Zoom 수업

하얀 벚꽃이 펑펑 터지는 이른 봄날
멀리 러시아와 우즈베키스탄 전장 소식이다
몇 해째 돌아오지 않는 아이들이 보고 싶다
책을 열자, 눈물이 났다
펼친 페이지에 태연히 줄짓는 활자가
땅긴 유리창에 화약 내음으로 번진다
멀리 입막음 마스크를 한 자들이 지나고
침샘에 고인 말들이 교실 안에 가득 찼다
덩그러니 볕이 드는 변명처럼 배가 고팠다
알 수 없는 허기로 팝콘에 자꾸 손이 갔다
한 줌 허공에 던져놓고 지시어를 따랐더니
벌린 입 여기저기 봄볕이 척척히 적셔왔다
컴퓨터 모니터에 아이들이 깜빡깜빡
어김없이 팬데믹으로 휴교인 교정에 종은 울리고
우리는 하얀 꽃잎 한 줌으로 죽음을 배우는 시간
누구를 위해 종은 울리나

파도

어두운 갯가에 초록색 파도가 밀려와 문장을 쓸 때 가을이 왔다
밀봉해 둔 하얀 비닐봉지를 끌어안고 터트리고 싶은 날이 있다
바다 끝자락, 갈대는 부서진 파도의 창백함으로 일어서는 것이다
물빛은 보여도 바닷 속은 보이지 않는 날이다
홍해 전쟁터 피난선처럼 점점이 햇살로 흘러들면
언덕배기 갈대 무리가 간간이 떨며 생각에 잠긴다
우리는 한때 너무도 많은 무늬를 몸에 새기며 살았다
어둠에 깊이깊이 들어가 있던 바다의 시간과 함께
잠은 죽음만큼 편안했으리라
진흙더미로 세워 낸 붉은 혀와 목구멍 사이로
까맣게 다문 기억을 자박자박 조가비가 몸을 들썩인다
밀봉된 비닐봉지를 끌어안고 길게 늘어선 해안선으로
파도는 갯가에 부려 놓은 푸른 문장을 드러내놓고 있다

바닷가

개펄이 돋는다. 바다가 사라졌다. 밑을 들어 올리자, 개펄의 몸이 열린다. 바다가 품은 파도와 뭍이 번갈아드는 곳. 파도의 기억을 키웠다. 바다의 손끝이 쓰다듬는다. 파도가 질척댄다. 끊임없이 개펄을 다시 새긴다. 뭍과 바다가 빚는 신화를 갈대는 생각한다. 부리가 더듬는 서술어를 짚어가며, 끌어당겨 뭍에 닿고, 숨을 놓아 되뇐다. 물밑 천 년이면 사람이 된다는 수초들의 이야기를,

개펄이 점점 좁아 든다. 몸을 뒤척인다. 두툼한 밑을 서성인다. 뭍의 파도가 낙지와 고동과 조가비를 짓던 곳인데, 바다의 경계를 수습 중이다. 물결에 깎여나간 물결에 몸을 씻는다. 푸른 우뭇가사리가 검게 다문 바위의 기억을 붙잡고 나부낀다. 파랗게 뭍을 흔드는 미역이며 청태 자락에 서로를 삼키며 끝없이 부서진다. 도요새, 괭이갈매기, 왜가리, 흰뺨검둥오리가 입김을 불어 넣는다. 파도의 잔해가 묻힌 신화가 갯내에 고이도록

죽방렴, 쥬라기 월드

방으로 격리된 아파트 창가로 나서면 캄캄한 중생대 너머 버얼건 저녁을 물고 오는 공룡들이 산다. 굴절된 봄볕이 끝 모를 시간의 그물 사이를 들고나는 가로등 아래로 밤새 목련꽃만 하얗게 핀다.

새벽이슬이 마르기도 전 이불을 턴다
바다가 꿈을 끌어당긴 지평선을 편다
썰물에 씻긴 그물 멸치 떼가 은빛 따라
파도가 읽고 갈 푸른 문장으로 흐른다
긴 물길을 버틴 남도 바다 죽방렴에는
햇살로 살아 가득 눈부신 몸짓이 있다
고르지 못한 삶을 안고 웅크린 물결을
턴다. 주름진 무늬의 생들이 파닥인다
시조새가 초인종 소리에 둥지를 날 듯

시든 장미 줄기에 잎들의 소리가 자랐다

첫눈 온다는 문자에
잠시 멈춰 차 창문을 연다
벽에 기대어 푸른 소매를 펴는
흰 두루미 무리가 말없이 서 있다
낡은 가시만 남은 줄장미를 따라
시든 잎들의 소리가 자라는 동안
몇 줄 늙은이들이 모여 볕을 쬔다
얼마큼 가벼워야 하늘에 이룰 수 있나
비스듬히 누운 생들이 점자를 치듯이
문진표 빈칸을 헤아려 하루를 짓는다
우린 어디쯤에서 왔던 길을 이어 붙여
말과 글이 삶 되는 날을 그릴 수 있나
드르륵 긴 부리로 해진 죽지를 읽는다
퇴근길 요양원 입구 즈음에서
첫눈이 온다는 핸드폰 문자를 연다
웅크린 독백들이 푸드득 햇살을 편다
어느새 눈은 내려 사라지고
잠시 멈춰선 창문만 바라본다

푸른 기억은 어디에 잠드나

둥근 주름을 밀면 숲 사이가 멀었다
치렁치렁한 볕이 든 기억이 푸르다
너무 늦은 서사를 읽는 나뭇잎들이
우듬지 매단 바람의 소리를 키웠다
검은 사제의 기도처럼
한때는 너였던 계절이
펄럭인 산자락으로 파도를 쏟고 간다
아직 면바지 풀물이 푸르게 수굿한데
몇 낱장 내널린 구름사이로
비워지는 빈 공간마다 행간을 짚는다
사라진 여백처럼 둥글게 기억을 펴면
도려낸 계절풍에 어깻죽지가 아프다
바람에 쥐인 나무는 더 단단해지겠지
소리 없이 낙엽을 쓸면 울음이 깊었다

두리번대는 가을 길

물이 들어 가득 차오른 가을 산이 깊다
여름내 푸른 촉수로 걸어 들어 온 길에
미처 빠져 나가지 못한 동그란 불면이
멀어지는 간절한 것들에게 말을 걸었다
파란 날것들이 식어가는 계곡 나무처럼
아무도 읽지 않아도 스스로 시가 되어준
저물녘 나뭇잎사귀가 매운 눈물을 적신다
멀리 떠나거나 다시 되돌아오는 길목에
뿌리가 켠 부름켜 잎들의 말수가 줄었다
색색 파닥인 물고기 떼가 헤엄을 치듯이
가을 등고선이 오르랑 내리랑 뒤척인다
평면거울 안에서 은밀히 흐른 시간들이
늦게 사 도착한 땅거미에 입김을 피운다
툇마루 걸어둔 길을 주섬주섬 매만지며

해 설

상관주의와 비상관주의의 변증

박 찬 일

시인

■ **해설**

상관주의와 비상관주의의 변증

박 찬 일
시 인

1. 들어가며

　최형일 시인은 타고난 시인이다. 필자는 그의 추계예술대 대학원 시절 여러 학기 동안 그의 시세계를 엿볼 수 있었다. 코로나 팬데믹 시절 대부분 원격 수업을 통해서였다.
　최형일은 우선 시의 '본령'에 충실했다. '본령': '그림은 시(詩)문학과 같아야 한다.' 뒤집어 말하면, 시문학은 그림과 같아야 한다. 논란이 많은, 이를테면 시문학이 주부인가, 회화예술이 주부인가, 하는 어려운 질문을 낳은 호라티우스 시학의 핵심 부분이다. 그렇더라도 중심 테제가 '묘사'라는 데에는 이의가 없다. 회화예술에서도 묘사가 기본이고, 시문학에서도 묘사가 기본이다, 이렇게 말할 수 있다.
　로마의 호라티우스의 시학과 아테네의 아리스토텔레스의 시학의 대비는 분명하다. 묘사와 모방이다. 묘사가 기술적(技術的) 측면에 대해서이고, 모방이 원론적 측면에 대해서이다. 아리스토텔레스의 모방은 행위의 모방을 많이 포함하고, 자연의 모방으로 확대 재생산되었다.
　호라티우스의 묘사 또한 만만치 않다. 아리스토텔레스의 모방이 연민과 공포의 모방일 때, 호라티우스의 묘사는 기술적(記述的)

차원을 넘어, 유익함과 즐거움을 문제 삼게 했다. 문학이란 무엇인가? 유익함 Belehrung이거나 즐거움 Vergnügen이거나이다. 이것은 이후의 문학의 두가지 큰 물줄기를 규정했다. 사회적 문학과 예술적 문학, 혹은 리얼리즘 문학과 유미주의 문학 등이 그것이다. 물론 아리스토텔레스의 모방론에서도 비슷한 경로를 말할 수 있다. 플라톤의 (부정의 대상인) 아이스테시스 예술론이 섞인 것으로서의 액면가 그대로인 모방 mimesis, 그리고 '창조적 모방 poiesis'이 그것이다. 이 역시 문학예술사에서 용어를 달리 해서 비자율적 예술론과 예술의 '자율성 Autonomie' 논의의 단초가 되었다.

2. 그림 같은 시

최형일: 호라티우스의 격률 '그림 같은 시'를 강조할 때 최형일의 시편들은 말 그대로 그림 같은 시였다. '말하지 말고 보여줘라'는 시적(詩的) 금언의 교과서였다. 멀리 김광균(특히 그의 공감각 Synästhesie 이미지를 강조할 때)의 계보를 발전적으로 계승하는 것으로 보였다. 당대의 노향림, 김기택 등의 시(詩)와 별개로 그만의 독립적 (자연, 사물 등에 대한) 묘사의 시를 노정한 것으로 보인다.

시(詩) 몇 편을 직접 보자. 여러 시편들을 시청각(視聽覺) 이미지가 압도하고 있다. 특히 「비파무늬 정동기행 속 여행」은 시청각에 동작 이미지를 더했다. 한 편의 아름다운 영상이다

> 회화나무 한 그루에 가을에 들면
> 사라진 매미 울음이 골목골목 든다.
> 여름내 높다랗게 치솟은 잎사귀에
> 길들은 울음이 퍼지는 하얀 볕을 따라

늦여름이 내는 소리를 음각한다.
―「집과 길」 부분

책장을 넘기듯 연못은 가득히 청동빛이다. 결 따라 직조된 비파잎은 슬픈 왕조의 궁터를 읽는 중이다. 비파나무에 비파가 익어 가면 산문처럼 늘어선 성(城)을 둘러 모여든 물결이 연못의 이른 새벽으로 뒤척인다. 한 움큼 명주 뭉치로 녹슨 세월을 문지르면 몇몇 서술어의 매듭마다 솜털처럼 부드러운 어두움이 스민다. 비파잎 물 결로 파닥이는 물고기 떼가 가락가락 연못 둘레를 쓸어 올리는 숨결은 아가미마다 행간을 짚어 선홍빛을 몰아간다. 비늘이 솟은 하얀 소리가 구름 모양의 가락을 모아 중심에서 밀려 나가는 결들이 분주하다.
―「비파 무늬 청동거울 속 여행」 부분

회색 달빛이 점묘하듯 흐른다.
방바닥에 엎드린 흘려 넘긴 책갈피 따라
비닐 장판에 꾹 눌리쓴 자국이 점사저럼
돋는다. 가뭇하게 엷은 가로등의 기억이
희다. 다 닳은 모래알의 침식을 읽어가듯
파래진 이끼들이 입술을 깨물어 읊조린다.
―「자꾸만 꺾어지는 남강을 바라본다.」 부분

'그 당시' 이글의 필자는 그를 묘사의 장인이라고 했다. 혹독한, 그리고 고독한 노력 끝에 도달한 그의 시편들은 특히 묘사에서 동료들의 시를 단연 압도했다. 물론 묘사가 '하나이고 전부 Alleinheit'가 아니다. 필자는 그때 '이미' 최 시인이 '변화를 도모할 때 아닌가?' 물었다. 그만큼 그의 언어 조탁 능력은 탄탄했다.

시인은 자유에 있어서 특별한 존재가 되어야 한다. '변화'에 있어서 특별한 존재가 되어야 한다. '묘사냐, 서술이냐'는 비판적 리얼리즘을 주창한 게오르크 루카치의 금과옥조 계명 중 하나이다. 루카치는 묘사 Beschreibung가 아닌, 서술 Darstellung에 ―마르크스적 이데올로기에 근거하여― 일방적 의의 및 일방적 의미를 부여했다. 묘사는 자연주의적 묘사로서 '해방적 국면'에서 부정적 역할을 할 뿐이었다. 19세기 후반 역사적 자연주의가 '추한 것과 역겨운 것'의 묘사에 경도된 것을 말할 수 있다.

3. 시(詩) 「동굴의 우화」

객관적 묘사의 장기를 살리면서, 여기에 주관적 멘트, 즉 주관적 서술, 혹은 아포리즘을 섞을 때 시문학은 입체적인 광활한 느낌을 주는 것이 사실이다. 최형일의 이번 시집은 이를 반영했고, 시(詩)들을 입체적으로 주조해내는 것에 성공한 것으로 보인다. 특히 이번 시집의 '서시'는 이러한 관점에서 시집 전체를 아우르는, 시집의 모든 시편들을 선도하는 시였다.

> 거울 뒷면은 굴절된 기억이 산다. 문턱 넘어 TV 화면이 흐른다. 뻘밭에 장어를 꺼내듯 주검을 꺼낸다. 홍수에 갇힌 터널은 동굴의 우화다. 밤이 깊다. 안과 밖이 같다. 둥근 돌멩이가 하늘의 달을 닮았다. 맷돌 아래 꺼낸 저녁 밥상에 추어탕 한 그릇, 친절한 주검을 퍼 올린다. 수저에 걸친 그림자가 흔들린다. 바깥에 고인 슬픔이 주저앉는다. 평면에 갇힌 주검이 화면에 흐른다. 맴돌이하는 국그릇에 목덜미가 칼칼하다. 어쩔 수 없는 죽음은 없다. 다만 기억이 굴절된 채 남을 뿐이다. 동굴

은 어두운 눈빛을 키우고 바깥은 여전히 동굴 안 어두운 밤에 익숙하다. 주검만큼 큰 공간은 없다. 이제 아무것도 변화하지 않아도 좋다. 오래 살아남았다는 것은 더 오래 동굴의 울음과 마주해야 할 일인지 모른다. TV에 비친 뉴스는 여전히 거울 뒷면에 자리 잡은 우리 이야기다.
―「동굴의 우화(寓話)」 전문

우선 이미지의 현상학이다. 노에시스가 잡은 것은 그러므로, (노에마에서) 이미지였고, 그뒤를 '생활(의 현상학)'이 따랐다. '신체에 대한 지각'이 뒤따랐다.

이미지의 현상(학)을 넘어설 때 그것은 아포리즘에 관해서이다. "어쩔 수 없는 죽음은 없다.": 대부분 어쩔 수 없는 죽음이다. ―불가항력적 죽음이다. 화자는 이것을 뒤집어 '어쩔 수 없는 죽음은 없다' 했다.

어쩔 수 없는 죽음은 필연적 죽음으로서, 즉 필멸(必滅)에 관한 것으로서 죽음의 절대 권력에 대(對)해서이다. 그런가? 어쩔 수 없는 죽음에 대한 대응으로서, (죽음으로부터) 어쩔 수 없는 죽음으로부터 넘어서게 하는 것은 없는가.

최 시인의 죽음에 대한 통찰 자체가 어쩔 수 없는 죽음에 대한 이의제기를 포함한다. '가만히' 속수무책 당할 수는 없다. 자발적 '몰락에의 의지 Wille zum Untergang'를 말한 것은 주지하다시피 니체. '자발적 willkürlich' 몰락 의지가 '어쩔 수 없는 죽음'을 넘어가게 한다. 혹은 어쩔 수 없는 죽음을 능가하게 한다.

자살 여부(與否) 문제가 '가장 까다로운 수학 문제'(카뮈)처럼 보이긴 한다. 모리스 블랑쇼의 견해를 참조할 때, 자살은 삶을 무상하게 하는 사건이 아니라, 죽음을 무상하게, 덧없게 하는 사건이다. (죽음에) 수동적인, 그 어쩔 수 없는 죽음이 아니라, (죽음에) 능동적인 시인(詩人)의 말마따나 '어쩔 수 있는' 죽음이다. 죽음에 속수무책인 것을 '자살'에서 말할 수 없다. 속수무책은 '죽음 권력' 쪽이다.

또 하나의 주목되는 최형일의 아포리즘이 "주검만큼 큰 공간은 없다"이다. 액면 그대로 주검을 말하면, 주검은 그 자체 우주(혹은 지구 행성)이고, 그 우주(혹은 지구 행성)의 몰락 형태이다. 주검과 죽음을 상호 인접의 관계로 볼 때 최형일은 옳다. '죽음만큼 큰 공간은 없다.'

사후(死後) 세계를 말하는 게 아니다. 헤아릴 수 없는 죽음의 개체들에 관해서이다. 여태까지의 모든 죽음의 '개체들 수'를 수용하는 공간을 생각하면, '아득'이다. 지구 행성이 좁고, 태양계 공간이 넉넉한 것만은 아니다. 죽음에는 별들의 죽음이 포함된다. 우주는 죽음(주검)의 공간이다. 지구가 죽음(주검)의 공간이다.

4. 비상관주의적 묘사

(최형일의 이번 시집에서) 주목되는 것은 비상관주의와 상관주의의 변증이다. 상관주의가 주관적 주체의 출몰이라면, 비상관주의는 객관적 묘사의 침투 및 잠식이다. 다시 「동굴의 우화(寓話)」를 보자. [강조하면, 최형일의 장기는 우선 관찰력이다. 관찰력에 의환 이미지의 포착이고, 그에 대한 중립적 중성적 neutral 기록, 즉 묘사이다. 묘사는 전통(傳統) 일반의 관점에서 볼 때 객관적 묘사로서, 주관적 관찰과 대립한다] 부분 발췌해서 ①에서 ⑤까지 번호를 붙였다.

①둥근 돌멩이가 하늘의 달을 닮았다. ②수저에 걸친 그림자가 흔들린다. ③바깥에 고인 슬픔이 주저앉는다. ④평면에 갇힌 주검

이 화면에 흐른다. ⑤동굴은 어두운 눈빛을 키우고 바깥은 여전히 동굴 안 어두운 밤에 익숙하다.

  ①은 단순한 평면적 묘사다. "둥근 돌멩이"를 '빵(송찬호)'이라고 해도 무방하다. 빵에서 보름달을 보고, 혹은 보름달에서 '(단팥)빵'을 본다. 후자의 경우가 측은지심을 불러일으킨다. 두보의 그 간난(艱難)이 생각난다. 전자가 더 중립적인가? 빵에서 보름달을 보는 것이 말이다. 이백이 떠오른다. 이백은 빵에서 보름달을 보았을 것 같다.
  이나저나 평면적 '감각 지각' 행위가 우세하다. ②는 압도적으로 감각적이다. "수저"에서 "그림자"의 얼굴을 보는 자는 시인이다. ③은 ②의 연장에서 온 말. "슬픔이 주저앉는다"에서 슬픔에 큰 의미를 부여할 수 있으나, 필자는 슬픔과 '주저앉음'의 합에 주목한다. 필자는 '주저앉은 슬픔'이 슬픔에 대한 아름다운(혹은 탁월한) 묘사라고 생각한다. 주관적 묘사나 주관적 서술을 말하기보다 '그냥' 아름다운 묘사 말이다. 서술이면 어떠냐. '아름다운 서술'이다.
  ①에서 ("주검" 때문에) 형이상학적 의미를 선입할 수 있다. "평면에 갇힌 주검"에서 이를테면 '원반 우주'에서 일어나는 비극적 몰락 일반을 떠올릴 수 있다. 그보다 평면에 갇힌 주검이 말 그대로 새로움으로서, 주검이 평면에 갇힌 모습을 떠올리는 것을 말하게 한다. 묘사는 언급했듯 회화적 묘사, 즉 그림 같은 문학(혹은 '문학 같은 그림', 호라티우스)이다. ─죽음을 묘사할 수 없는 게 아니다. 바로크 시대의 비애극 Trauerspiel, 무엇보다 엠블럼들이 죽음에 대한 묘사이다. '바니타스 vanitas', 혹은 메멘토 모리를 문학으로 그렸다. 바로크 엠블럼들이 그 표상이다.
  '평면에 갇힌 주검'에 시인 최형일은 "화면에 흐른다"는 술부를

부가하여, 묘사를 부각시켰다. 다분히 의도적이다. ⑤는 '전반부-후반부-구조 Vorher-Nachher-Struktur'로서 빛과 어둠의 대조를 넘어, 빛과 어둠의 상호 대비적 운명을 알렸다. 빛과 어둠의 의미론적 대조가 아닌, 빛과 어둠의 그 위대한 순수 묘사, 순수 대비에 집중했다. '동굴의 비유'라는, 플라톤이 그의 『국가 Politeia』에서 나타낸 형이상학적 존재론적 의미를 능가하려고 했다. 실재와 '억견 doxa'이라는 갇힌 형식 너머, 새로운 언어 형식으로서 시적(詩的) 형식이 있음을 알렸다.

①②③④⑤에서 최형일은 객관적 묘사의 모범적 선례를 보여주는바, 필자는 이것을 최근의 용어로서 비상관주의적 태도로 명명한다. 최형일은, 인간의 사유로 넓은 의미의 사물 일반을 점유하는 그 상관주의(correlationism, 퀑탱 메이야수)를 넘어서려 했다. '묘사'는 주관을 가급적 배제하는 점에서 비상관주의적이다.

5. '상관주의'의 전형

비상관주의만을 시(詩)가 먹고 살 수 없다. 상관주의는 불가피하다. 다음이 상관주의의 모범적 사례이다. 다시 시(詩) 「동굴의 우화」로부터이다. 특히 ②는 상관주의의 모범적 전형적 경우이다. 상관주의의 본보기로 기억될 만하다. 아래: ②의 두 개 문장, "어쩔 수 없는 죽음이 없다"와 "다만 기억에 굴절된 채 남을 뿐이다" 둘 다 상관주의의 덫에 걸린다. 최 시인이 걸리게 했다.

②어쩔 수 없는 죽음은 없다. 다만 기억에 굴절된 채 남을 뿐이다.
①주검만큼 큰 공간은 없다.

'어쩔 수 없는 죽음은 없다'는 이미 앞에서 살핀 바 있다. 인간 사유의 절정이다. 상관주의적 사유의 절정이다. 죽음이라는 대상을 인간이 설명한 게 아닌가: '어쩔 수 있는 죽음'이 뭔가? 어쩔 수 없는 죽음이 뭔가? 죽음은 이 두 가지인가? 능동적 죽음과 수동적 죽음에 모두 갇히는가? 누가 능동적 죽음인가? 묻게 한다(혹은 했다). 누가 수동적 죽음인가?

능동적 죽음은 '완전한 죽음' 같은 것. 최 시인이 대답한다. 두려워하지 않는 죽음, 영혼의 세계에 대한 확신을 가지고서, 늠름하게 독배를 들이킨 소크라테스의 경우를 떠올리라.

①의 '주검만큼 큰 공간은 없다' 역시 상관주의적이다. 죽음에 대한 인간 사유의 개입, 죽음에 대한 인간 설명이다.

6. 비상관주의와 상관주의의 변증

인간 사유에 의한 세계 파악으로서 인간중심주의적 상관주의와 비록 인간 사유에 의한 것이라고 해도 세계에 대한 중립적 '중성적 neutral' 태도가 돋보이는 시편들을 더 증거해보자.

기억은 낯익은 방을 기웃대거나
바깥의 그림자를 흔들어 놓는다.
—「집과 길」부분 ①

모였다 흩어집니다.
머금다 지나칩니다.
잎이고 나무일 뿐입니다.
거울에 기억만 머뭅니다.
다행히 나는 없습니다.

빠져나가고 있습니다.
날아간 물새 소리입니다.
버티다가 출렁일 겁니다.
―「가을 산, 한 폭의 액션 페인팅」부분 ②

내 방구석에는 해파리 한 마리가 산다. 먹고 싸는 것이, 들고 나는 욕망이 같은 하루하루를 살다가도 변기통을 붙들고 울다 잠든 밤을 물끄러미 바라보는 기억이 산다.
―「쓰레기통」부분 ③

통영 바닷가 짜장면집에 나앉았다.
파도가 주방 넘어, 밀가루 반죽을 친다.
뒤를 밟아 살며시 다가온 그림자처럼
주린 가닥에서 건진 면발이 물결을 탄다.
비벼올린 자장 국물이 튀어 눈이 아린다.
벌겋게 쓰린 눈 속에 수국 향이 번진다.
차오른 파도 색색 화어가 바다를 그린다.
―「화어(花魚), 통영 파렛트(pallet)」전문 ④

우리 집 세탁기 소리는 양호하지 못하다.
새롭게 옮긴 직장 근처 원룸에서 만난 세탁기가
어찌 된 것인지 오래된 바람의 이력을 되먹인다.
묵은 세월로 넘치지도 모자람도 없이 넉살이다.
―「고물 세탁기」부분 ⑤

사납게 친 여름비에
모시 구름이 푸른 산을 덮쳤다.
밤새 빗줄기가 흘림체로 새겼다.
먼 계곡 소리 치레가 꽃잎에 젖었다.
목화밭 너름새에 목청을 쏟았다.
―「득음(得音)」 전문 ⑥

① [(인간의) "기억"과 ("낯익은") "방"과 "바깥의 그림자"는 같은 지위를 누린다] '기억'이 먼저 가나? '방'이 먼저 가나? '바깥의 그림자'가 먼저 가나? ―먼저[앞서] 가는 것은 없다. 인간에 의한 '기억', 그리고 '방'과 '그림자'는 상호 동격(同格)이다. 같은 지위이다.

② "다행히 나는 없습니다.": 차라리 나, 혹은 시적 화자는 없는 게 나았다, 한 것으로 보인다. 물론 상관주의적 멘트에 의한 것이다. 그렇더라도 비상관주의적 분위기가 시편을 압도한다: 나, 그 인간주의가 없이도 시(詩)가 굴러가게 한 것으로 보인다. "잎" "나무" "물새 소리"가 흘러간다. 인간이 사는 곳도 대개 '인간이 없는 곳'이다. 없어도 별일 없는. 인간이 꼭 있다고만도 할 수 없다. 역설적 사실로서 '거기'에도 '비인간'이 압도적이다. '새소리' '나무' '잎'이 압도적이다.

③ "해파리"와 화자 인간―'비상관주의적 입각점': 해파리와 인간 화자의 "먹고 싸는 것"과 "들고 나는 욕망"을 같은 수위(水位)에서 말하고 있다. 다를 바 없는, 해파리 종족과 "나"의 종족, '나'가 더 가진 것은 "물끄러미 바라보는 기억"으로 보인다. '그렇더라도'

인간이 이파리로 사는 것이 어떤 것인가? 가능한 질문인가. ―토마스 네이글의 유명한 질문: '(인간이) 박쥐로 사는 것이 어떤 것일까 What is it Like to Be a Bat'(1974)―. 해파리의 삶이 있다면 틀림없이 해파리만이 가진, 해파리가 더 가진 능력이 있을 것이다. 인간이 덜('물론' 더) 가진 것도 있을 것이다. 최형일 시인의 '문제적' 상상력과 관찰력에 의해서이다.

해파리와 화자 인간을 섞어 그것을 기록했다. 해파리와 인간의 민주주의적 관계는 그다음.

인간 사유에 의한 이른바 그 상관주의가 발동되었지만, 결과는 인간과 해파리의 병렬이고, 어느 한쪽 우위에 놓지 않는 태도를 보여주었다.

④ 인간인가 "화어(花魚)"인가? 삶인가 죽음인가? 꿈인가 생시인가? 인간이 "파도" 속에 있나 파도가 인간 속에 있나? 별로 차이가 없다, 인간과 "통영 바닷가 짜장면집"이 말이다. 형이상학으로는, 무(無), 혹은 분별없음의 상태에 대해서이고, 존재론적 실재론으로는, 민주주의에 관해서이다. '파도'와 '짜장면'과 '화어'와 '화자'의 민주주의다. 객체들의 민주주의다.

⑤ 시(詩) 「고물 세탁기」 앞부분이다. 인간도 곧 "고물 세탁기"가 된다. 인용은 안 되었으나 詩 후반부에서 "눈에 밟히고 마음에 짚이는 소리를 닮은 나"라고 했다. 이것이 동쪽으로 간 뜻은? 세탁기의 생명에 대해서이다. 세탁기와 '생명'에 대한 연민에 관해서이다. 무엇보다 세탁기와 '닮은 나'에 대한, 낡은 세탁기와 다를 바 없는 '낡은 나'에 대한 통찰! 통찰을 주는 것이 세탁기이고, 깨달음을 받는 것이 인간이라면 세탁기가 인간을 가르치는 셈! 객체들의 민

주주의를 넘어, 인간에 대한 사물의 우위를 못 말할 이유가 없다. 오래 가는 것은 고장난 세탁기다, 고장난 인간이기보다.

⑥「득음」 전문(全文)이다. "여름비" "모시 구름" "푸른 산" "빗줄기" "계곡 소리 치레" "꽃잎" "목화밭 너름새"들의 병렬이다. 명사(구)들의 병렬이나 몽타주는 아니다. 알레고리도 아니다. 존재자들 자체다. 사물들의 파노라마, 사물들의 민주주의다.

인간이 없는 시다. 인간 없는 세상이다. 피조물 중의 하나가 인간이다. 가끔 그 인간이 있는 것을 잊는 시인이 최형일 시인이다. 시(詩)「득음」은 한편 빼어난 풍경 묘사 자체이다. 입체적 풍경이 산 채로 시(詩)에 입성했다. 묘사의 달인으로서 최형일 시인이 그 모습을 숨기지 않았다.

끝으로, 시집의 종시(終詩)「단어를 찾아서」를 살핀다. 제목 자체가 상관주의를 지시하고, 또한 비상관주의를 '잠재태 potentials'로 거느린다.

    어제의 빗줄기를 머금은 장미꽃이며
    들락, 날락
    단어 하나 왔다, 갔다,
    햇살이 뚫고 왔다,
    아직은 말이 될 수 없지만,
    이끼며 돌멩이며
    흰 틈바구니로 기억을 비춘다.
    나는 사과 한입 베어 문다.
    입 안 가득 기억을 되뇐다.

흥건한 침묵이 씹힌다.
—「단어(單語)를 찾아서」부분

"단어"는 인간에 의한 단어이기도 하지만 그 자체 자립적이다. 단어, 그 단어가 가리키는 '사실' 또한 자립적이다. 시적 화자는 그 자립적 단어들, 그 자립적 사물들을 자동기술법으로 보여주는 듯. 바느질 자국, 꿰맨 자국이 보이지 않는다.

최형일은 인간에 의한 '사물 상관주의적' 서술이라고 해도 '인간'을 최소화시키려 했다. 상관주의적 주체인 '나=인간'과 비상관주의적 묘사의 변증, 이것이 최형일의 시세계를 요약할 것으로 보인다. 최형일은 '묘사'만으로도 우리 시단에 괴분한 존재이다. 그 이상으로서, 상관주의와 비상관주의의 변증을 통해서도 과분한 존재로서의 그 위상을 알렸다.

최형일 시집

아무도 울지 않은
시간이 열리는 나무

인쇄일	2024년 12월 20일
발행일	2024년 12월 31일
지은이	최형일
디자인	디자인 평강
펴낸곳	디자인 평강

창원시 마산합포구 남성로 28
☎ 055) 245-8972
E-mail. pgprint@nate.com

· 도서출판 평강과 저자의 서면 동의 없는 무단 전재 및 복제를 금합니다.
· 저자와의 협의에 따라 인지는 생략합니다.

ISBN 979-11-89341-36-7(03600)